GRAMMAIRE DE LA JEUNESSE,

PAR M. JÉGOU,

PROFESSEUR AU COLLÉGE ROYAL DE NANTES.

CINQUIÈME ÉDITION.

OUVRAGE

Adopté pour l'École-Royale-Militaire-Prép.re

Les Romains nous ont appris, par l'application qu'ils donnaient à l'étude de leur Langue, ce que nous devrions faire pour nous instruire de la nôtre. Chez eux, les enfants, dès le berceau, étaient formés à la pureté du langage. Ce soin était regardé comme le premier et le plus essentiel après celui des mœurs.

Il est naturel de commencer l'instruction des enfants par les règles de la Grammaire française, dont les principes leur serviront aussi, pour l'intelligence du latin et du grec.

ROLLIN : *Traité des Etudes.*

A NANTES,

DE L'IMPRIMERIE DE MELLINET-MALASSIS.

M. DCCC. XXI.

Ce petit Ouvrage, comme je l'ai dit dans les éditions précédentes, n'est qu'un recueil d'observations faites par nos grammairiens les plus estimés : j'ai puisé dans les meilleures sources ; et c'est à ce choix que j'attribue l'accueil favorable qu'il reçoit, même dans des pays où je ne soupçonnais pas qu'il fût parvenu. — J'avoue que le suffrage des habiles Professeurs qui ne dédaignent pas de l'enseigner, me fait beaucoup de plaisir.

Charmé des savantes dissertations de Dumarsais et de Beauzée, j'avais adopté une partie de leurs systèmes : l'expérience et des conseils judicieux m'ont fait revenir aux anciennes dénominations, usitées dans tous nos ouvrages classiques ; et j'ai refait les chapitres de l'*Article*, du *Pronom* et du *Verbe*. Je crois que ces changements ajoutent à la clarté, sans rien ôter à la justesse des préceptes.

La seconde partie traite de la syntaxe, et j'ai cru devoir la borner à une trentaine de pages. — Voulez-vous connaître la solution de presque toutes les difficultés qu'offre la syntaxe de la langue française ? consultez la *Grammaire des Grammaires*, recueil immense, ouvrage excellent pour quiconque veut ou

enseigner ou étudier à fond. -- Moi, je n'écris,
comme Lhomond, que pour les écoliers. Si cet
estimable Professeur eût donné, dans sa grammaire, quelques notions sur la *Proposition*,
sur les *Compléments*, et sur les autres matières
qui sont traitées dans ma 3.ᵉ Partie, et dont la
connaissance me paraît indispensable, dans les
études classiques, il eût été inutile de publier
une autre grammaire française. -- J'ai tâché de
suppléer à son silence. -- Puissé-je, comme lui,
être utile à la jeunesse!

*Tous les Exemplaires seront revêtus de la
signature de l'Auteur.*

GRAMMAIRE

DE

LA JEUNESSE.

PREMIÈRE PARTIE.

LA GRAMMAIRE est l'art de parler et d'écrire correctement. Pour parler et pour écrire, on emploie des *mots*, qui sont les expressions de nos idées. Les mots sont composés de *lettres* (1).

L'alphabet français comprend 25 lettres; *a, b, c, d, e, f, g, h, i, j, k, l, m, n, o, p, q, r, s, t, u, v, x, y, z*. Elles se divisent en *voyelles* et en *consonnes*.

Les voyelles sont ainsi nommées du mot *voix*,

---

(1) C'est de *Tyr* que nous vient cet art ingénieux
De peindre la parole, et de parler aux yeux,
Et, par les traits divers de *figures* tracées,
Donner de la couleur et du corps aux pensées. BRÉ.

parce qu'elles forment toutes seules un son, une voix. Il y en a six: *a, e, i o, u, y.*

Ce sont les voyelles *simples.*

On nomme voyelles *composées* celles qui, quoiqu'écrites par plusieurs lettres, ne forment qu'un son simple dans la prononciation.

ai, aie, eai... j'aimai, baie, je voyageais.
au, eau, eo... auteur, tableau, geolier....
ei, ey, eu...... seigneur, dey, gageure.....
(1) *eu, œu*........ heureux, vœu...................
œ, ou........... œcuménique, courroux........

Prononcez : émé, hè, je voyagè. ôteur, tablo, jolier. sègneur, dè, gajure. heureux, vœu. écuménique, courroux.

Les voyelles suivies de *m* ou *n* sont appelées nasales (2).

am, Adam, ambassade; *an*, enfant; *ean*, vengeance, *em*, emmener, *en*, ennui; *en*, bien; *aim*, faim; *ain*, pain; *ein*; peint; *im*, imprimer; *in*, cousin; *om*, ombre; *on*, confondu; *eon*, pigeon; *eun*, à jeun; *um*, parfum; *un*, alun.

Amen, Jérusalem, hymen, ne prennent point le son nasal, et se prononcent *amene, Jérusaleme, hymene.*

Remarque. -- Y entre deux consonnes n'a que la valeur de l'*i* simple, *syllabe, systéme, physique*; mais entre deux voyelles, il a le son de deux *i.*

Soyez *bon, vous plairez.*

Soyez se prononce comme si on écrivait *soi-iez.*

Consonnes. -- Les *consonnes* sont les lettres qui ne forment un son qu'avec le secours des voyelles.

---

(1) *Eu , ou.* Ces deux sons si simples, si fréquens, méritent dans l'alphabet un *caractère* particulier.

(2) A cause du son que leur donnent ces deux lettres qui renvoient par le nez une partie de l'air, sortant des poumons, et matière de la voix.

Il y a dix-neuf consonnes : b, c, d, f, g, h, j, k, l, m, n, p, q, r, s, t, v, x, z (1)

La lettre H est *muette* ou *aspirée* : elle est *muette*, quand elle n'ajoute rien à la voyelle qui suit : l'*homme*, l'*honneur*, l'*histoire*, *théâtre*, *Athènes*, se prononcent comme si l'on écrivait, l'*omme*, l'*onneur*, l'*istoire*, *téâtre*, *Atènes*.

Elle est aspirée, quand elle fait prononcer du gosier la voyelle suivante :

Le *Hâvre*, le *hameau*, la *honte*.

On peut être héros sans ravager la terre. Boil.

Dans les dérivés de ce mot *héros*, la lettre H est muette : l'*héroïsme*, l'*héroïne*.

SYLLABES ET DIPHTONGUES.

On appelle syllabe une ou plusieurs lettres prononcées en un seul temps par une seule émission de voix : *Viens, mon fils*;

Monosyllabes, les mots d'une seule syllabe :

Le jour n'est pas plus pur que le fond de mon cœur. Rac.

Et polysyllabes, les mots qui en ont davantage : *Bien-fai-san-ce.*

La diphtongue est une syllabe qui fait entendre le son de deux voyelles par une seule émission de voix : La *nuit*. Dans ce mot, les deux sons, *u* et *i*, réunis en une seule syllabe, se prononcent en un seul tems ; le premier se dit rapidement, et l'on ne peut appuyer que sur le second.

----

(1) En ajoutant l'*e* muet, on peut donner à chaque consonne sa véritable appellation dans la lecture : Be, ce, de, fe, etc., alors toutes les lettres de l'alphabet sont masculines. Cette manière d'épeler a beaucoup d'avantages ; *épeler* ainsi, c'est *lire*. Il est facile de faire connaître aux enfans quelques consonnes qui, par position, changent de son.

Les *diphtongues*, comme les voyelles, peuvent se diviser en *simples, composées, nasales*.

Diphtongues composées.		Diphtongues nasales.
ai... mail.	*iai*... biais.	*ian*.... viande.
ia... naïades.	*iau*.. miauler.	*ien*.... rien.
ie, *ié*, pied, pitié.	*icu*... Dieu.	*ion*.... pion.
iö... fiole.	*iou*.. chiourme.	*oin*.... loin.
oe.. moelle.	*oua*.. rouage.	*ouin*.. marsouin
oi... loi, roi.	*oui*... fouine.	*uin*.... juin.
ue.. équestre.		
ui.. minuit.		
ua.. équateur.		
quinquagésime.		

ACCENTS.

Les accents sont de petites lignes tracées sur les voyelles (1). Il y a trois accents, dont voici le nom et la forme.................

$\left\{\begin{array}{l} \text{aigu} \; \prime \\ \text{grave} \; \backslash \\ \text{circonflexe} \; \wedge \end{array}\right.$

La voyelle *e* peut recevoir tous ces accents.

On distingue dans la prononciation quatre sortes d'*e* : l'*e muet*, dont le son est peu sensible, *mondE*, *sonorE*, *doucEment* ; l'*e fermé*, qui se prononce la bouche presque fermée, *amitié*, *loyauté*, *régénéré* ; l'*e ouvert*, qui se prononce d'un ton plein et soutenu, *succès*, *progrès*, *père*, *mère* ; l'*e* long et très-ouvert, *tempête*, *pêche*, *arrête*.

Vous voyez que l'*e* muet est sans accent ; que l'*e* fermé prend l'accent aigu ; l'*e* ouvert, l'accent grave ; l'*e* long, l'accent circonflexe.

La prosodie française ne souffre point deux *e muets* de suite à la fin d'un mot : on met un accent sur le premier.

Dussé-je après dix ans voir mon palais en cendre... RAC.

____

(1) Pour marquer la prononciation, ou pour distinguer le sens de certains mots qui s'écrivent de la même manière.

VOYELLES LONGUES ET BRÈVES. L'accent circonflexe ne se met que sur les voyelles longues.

Les voyelles *longues* sont celles sur lesquelles on appuie plus long-temps en les prononçant; les *brèves*, celles qu'on prononce plus rapidement.

Voici quelques exemples :

LONGUES.	BRÈVES.
Alêne, outil de cordonnier.	Haleine, respiration.
Avant, préposition.	Avent, les 4 semaines avant Noël.
Cours, lieu de promenade.	Cour, lieu entouré de murs.
Faîte, sommet.	Faite, partic. du verbe *faire*.
Hâle, air chaud et sec, qui flétrit le teint.	Halle, lieu qui sert de marché.
Jeûne, abstinence.	Jeune, d'âge.
Maître, nom substantif.	Mettre, verbe.
Pâte, farine détrempée et pétrie.	Patte, pied des animaux.
Pêne, de serrure.	Peine, affliction.
Tâche, travail.	Tache, souillure.
Vaine, adj. fém.	Veine, vaisseau qui contient le sang.

(*Voy. le* Traité *de prosodie française, par l'abbé d'*OLIVET.)

DES MOTS.

CONSIDÉRÉS COMME DES SIGNES DE NOS IDÉES (1).

Les mots ou parties du discours, se divisent en 9 espèces : Le *nom*, l'*adjectif*, l'*article*, le

---

(1) Considérés comme des signes de nos idées, les mots expriment les objets qui s'offrent à nos sens ou à notre esprit, et les différentes vues sous lesquelles nous considérons ces objets.

pronom, le *verbe* (1), la *préposition*, l'*adverbe*, la *conjonction*, et l'*interjection*.

DU NOM (OU SUBSTANTIF).

Le *nom* est le mot dont on se sert pour désigner les personnes et les choses auxquelles on pense.

Il y a deux sortes de *noms*, le *nom propre* et le *nom commun*. Le nom propre est celui qui ne convient qu'à un seul objet : *Homère*, *Turenne*, *Paris*, la *Loire*, sont autant de noms propres, parce qu'ils conviennent aux seuls objets qu'ils expriment.

Le *nom commun* est celui qui convient à tous les objets de la même espèce : *homme*, *ville*, *arbre*, *fleuve*, etc.

Dans la classe des noms communs, on nomme *collectifs* ceux qui, même au singulier, présentent nécessairement à l'esprit l'idée de plusieurs objets réunis; tels sont les mots *peuple*, *forêt*, *armée*, *escadre*, la *plupart*, etc.(2).

Il y a deux choses à considérer dans les noms, le *nombre* et le *genre*.

DES NOMBRES (3).

On distingue deux *nombres* : le *singulier*, qui se dit d'un seul objet, comme *livre*, *canal*; et le pluriel, qui indique plusieurs objets, *livres, canaux*.

---

(1) Le *participe* est compris dans le *verbe*.

(2) Les noms *abstraits* sont ceux qui désignent une qualité, seule et indépendamment de tout objet qu'elle peut modifier, comme si cette qualité était elle-même un objet réel, *blancheur, vérité, amitié, sagesse, vertu, humanité*. On peut avoir l'idée de la *blancheur*, sans l'appliquer à aucun objet *blanc*; de la *vérité*, sans l'appliquer à aucune proposition *vraie*; de l'*amitié*, sans penser à aucun objet *aimé* ou *aimant*. Les noms *abstraits* dérivent des adjectifs : *blancheur*, de *blanc*, etc., etc.

(3) Le *nombre* est la propriété qu'ont les mots de marquer par leur terminaison, l'*unité* ou la *pluralité* : *canal, canaux, le, les; je, nous, il aime, ils aiment*.

Comment se forme le pluriel *dans les noms?*

RÈGLE GÉNÉRALE. Pour former le pluriel, on ajoute *s* à la terminaison du singulier: le *roi*, les *rois*; la *vertu*, les *vertus*.

1.re EXCEP. Le pluriel est semblable au singulier dans tous les noms dont le singulier finit par *s*, *x*, ou *z*: le *lis*, les *lis*; la *voix*, les *voix*; le *nez*, les *nez*.

2.me Les noms en *al* ont leur pluriel en *aux* (et non pas en *eaux*): le *mal*, les *maux*; le *cristal*, les *cristaux*.

Exceptez *bal*, *carnaval*, *régal*, qui font au pluriels *bals*, *carnavals*, *régals*.

3.me Les noms qui au singulier se terminent en *au*, *eu*, *œu*, *ieu* et *ou*, prennent l'*x* au pluriel.

SING. Anneau, cheveu, vœu, épieu, caillou.

PLUR. Anneaux, cheveux, vœux, épieux, cailloux.

Exceptez *bleu*, *clou*, *filou*, *licou*, *trou*, *matou*, *bambou*, qui prennent une *s*.

4.me Parmi les noms terminés en *ail*, quelques-uns ont leur pluriel en *aux*.

SING. Bail, corail, émail, soupirail, travail.

PLUR. Baux, coraux, émaux, soupiraux, travaux.

Les autres, tels que *mail*, *éventail*, *détail*, *gouvernail*, *portail*, etc., suivent la règle générale.

Bétail fait au pluriel *bestiaux*; *ciel*, *œil*, font *cieux*, *yeux*. On dit cependant des *ciels-de-lit*, des *œils-de-bœuf* (terme d'architecture).

Aïeul s'écrit au pluriel *aïeuls*, pour désigner le grand-père paternel et le maternel; et *aïeux*, pour signifier en général tous ceux de qui l'on descend. (au féminin, *aïeule*, *aïeules*).

NOMS PROPRES. -- Les noms propres, quand ils ne servent qu'à désigner les personnes de la même famille, ne prennent jamais la marque du pluriel: *Les deux* CORNEILLE *ont brillé dans la poésie; les* LAMOIGNON *dans le barreau.*

Mais lorsque, par comparaison, ils sont employés comme noms communs, ils peuvent prendre la marque du pluriel: *Tous les siècles n'enfantent pas des Homères*, *des Virgiles*, *des Racines*; c'est-à-dire, des poëtes tels qu'*Homère*, *Virgile* et *Racine*. L'usage parait avoir adopté cette distinction.

Noms composés. -- Dans les noms composés de plusieurs mots qui doivent être liés par un trait-d'union, la marque du pluriel doit se mettre à la fin du dernier, quand le nom est composé d'un verbe et d'un nom, *abbat-vent*, *abbat-vents*; ou d'une préposition et d'un nom, *avant-garde*, *avant-gardes*.

Si le nom est composé d'un nom et d'un adjectif, tous les deux prennent la marque du pluriel, *arcs-boutants*, *chênes-verts*, *cerfs-volants*.

Enfin, s'il est composé de deux noms unis par une préposition, le premier seul prend la marque du pluriel, *arc-en-ciel*, *arcs-en-ciel*, *chef-d'œuvre*, *chefs-d'œuvre*.

Lorsque le *nom* est *composé* de mots étrangers, l'usage général est de ne pas mettre la marque du pluriel : *Des Te-Deum*, *des post-scriptum*, *des in-folio*, *des concerto*.

Certains noms n'admettent que le nombre singulier :

1.º Les noms de vertus et de vices ; la *pudeur*, la *modestie*, le *courage*, l'*orgueil*. etc. ;

2.º Ceux qui marquent les différens âges de la vie, l'*enfance*, l'*adolescence*, la *jeunesse*, la *vieillesse* ;

3.º Les noms des métaux, pris dans un sens général, l'*or*, l'*argent*, le *cuivre*, etc. ;

4.º Les noms des arts et des sciences, l'*agriculture*, la *peinture*, l'*astronomie*, etc.

D'autres noms manquent de singulier : *ancêtres*, *funérailles*, *mœurs*, *ténèbres*, *vêpres*, *pleurs*, *obsèques*, *mânes*, etc.

DES GENRES.

On entend ici par *genres* les classes dans lesquelles sont rangés tous les noms. Il y a en français deux genres, le *masculin* et le *féminin*. Le premier comprend les noms des hommes et des animaux mâles, avec ceux de conditions, d'états, de métiers propres aux hommes, tels que *prince, guerrier, magistrat, maréchal, orfèvre.* On a réuni dans le genre féminin les noms de l'autre sexe, et ceux des conditions ou professions réservées aux femmes, comme *princesse, nourrice, lingère,* etc. Jusque-là, la différence des deux sexes avait pu servir de modèle et de règle pour la distinction des noms en deux genres.

Ensuite, par imitation, l'on a donné l'un des genres à des êtres qui ne sont ni mâles ni femelles, comme un *livre,* une *maison,* le *soleil,* la *lune.*

Il y a des noms communs qui, sans changer de genre, désignent les deux sexes : *Madame Deshou-lières était un* POETE *aimable ; Madame Dacier, un* TRADUCTEUR *érudit.*

En général, chaque nom n'est que d'un genre, et conserve la même terminaison : *homme, arbre, esprit, plante.* On peut seulement ajouter la marque du pluriel.

Cette règle générale souffre quelques exceptions : *automne,* par exemple, est des deux genres : *amour* (affection), *délice, orgue,* sont masculins au singulier, féminins au pluriel.

D'autres changent de genre, en changeant de signification :

Masculins.	*Féminins.*
AIGLE, oiseau, homme de génie...	enseigne, constellation.
AUNE, arbre....................	mesure.
ENSEIGNE, officier.............	drapeau.
EXEMPLE, modèle de conduite...	d'écriture.
GARDE, celui qui garde.........	par-tout ailleurs.
GREFFE, dépôt public..........	d'arbre.
MANCHE, d'outil...............	d'habit.
MANŒUVRE, ouvrier............	de vaisseau *ou* de troupe.

| Masculins. | Féminins. |

MOULE, de fonte............... poisson.
PENDULE, verge de fer......... petite horloge.
PÉRIODE, dégré............... révolution, phrase.
RELACHE, repos............... de navire.
TROMPETTE, celui qui sonne.... instrument.
VOILE, ce qui couvre.......... de vaisseau.

Etes-vous embarrassé sur le genre d'un nom ? consultez le Dictionnaire.

DE L'ADJECTIF.

L'*adjectif* est le mot qu'on ajoute au nom pour exprimer les qualités des personnes et des choses.

Il énonce l'état, la propriété, les couleurs, les dimensions, les formes, enfin les différentes modifications des êtres.

Tout éloge *imposteur* blesse une ame *sincère*. BOIL.

On connaît qu'un mot est *adjectif*, quand on peut y joindre les mots *homme*, *personne* ou *chose*.

Les adjectifs sont susceptibles de *nombre* et de *genre*.

Comment se forme le pluriel ?

RÈGLE GÉNÉRALE. — Le pluriel des adjectifs se forme, dans les deux genres, par la simple addition de la lettre s: *grand*, *grands*; *petit*, *petits*; *grande*, *grandes*; *petite*, *petites*.

1.re EXCEPTION. — Les adjectifs terminés au singulier par *s*, *x* ou *z*, ne changent point au pluriel : *gros*, *heureux*, *jaloux*.

2.me EXCEPTION. — Les adjectifs en *al*, ou en *au*, font leur pluriel en *aux*: *loyal*, *loyaux*; *oriental*, *orientaux*; *nouveau*, *nouveaux*.

Quelques-uns suivent la règle générale. Il faut consulter l'usage.

Comment se forme le féminin dans les adjectifs.

1.° Les adjectifs terminés par un *e* muet, ont la même terminaison dans les deux genres : *père tendre, mère tendre.*

2.° Si l'adjectif masculin se termine par un *é,* par *ai,* par *i,* par *u,* ou par une consonne, on ajoute un *e* muet pour le féminin.

MASCULIN. Formé, vrai, joli, ingénu, soumis.
FÉMININ... Formée, vraie, jolie, ingénue, soumise.

3.° Les adjectifs dont le masculin se termine en *el, eil, ul, an, on, ien, as, ais, ès, et, ot,* doublent au féminin la consonne finale, et prennent l'*e* muet.

MASC. Eternel, pareil, nul, paysan, bon, ancien
FÉMIN. Eternelle, pareille, nulle, paysanne, bonne, ancienne.
MASCULIN. Gras, épais, exprès, net, sot.
FÉMININ.... Grasse, épaisse, expresse, nette, sotte.

4.° Les adjectifs dont le masculin se termine par *f,* changent cette lettre en *ve,* pour le féminin : *naïf, naïve ; bref, breve ; neuf, neuve.*

5.° Les adjectifs terminés au masculin par *x,* changent cette lettre en *se : heureux, heureuse ; jaloux, jalouse.*

Exceptions à ces règles.

MASCULINS.	FÉMININS.	MASCULINS.	FÉMININS.
Blanc	*blanche.*	*Benin*	*bénigne.*
Franc	*franche.*	*Malin*	*maligne.*
Caduc	*caduque.*	*Tiers*	*tierce.*
Grec	*grecque.*	*Beau*	*belle.*
Turc	*turque.*	*Nouveau*	*nouvelle.*
Sec	*sèche.*	*Doux*	*douce.*
Niais	*niaise.*	*Roux*	*rousse.*
Mauvais	*mauvaise.*	*Faux*	*fausse.*
Frais	*fraîche.*	*Favori*	*favorite.*
Vieux	*vieille.*	*Fou*	*folle.*
Gentil	*gentille.*	*Mou*	*molle.*

Secret, discret, inquiet, replet, complet ne redoublent pas le *t*. *Vengeur* fait au féminin *vengeresse*. Ainsi se terminent *défendeur, bailleur, enchanteur, demandeur,* qui fait aussi *demandeuse*.

Acteur, change au féminin *eur* en *rice* : *acteur, actrice.* Ainsi se terminent aussi *opérateur, moteur, bienfaiteur, conservateur, débiteur, dissipateur, exécuteur, tuteur, curateur, protecteur, fauteur...* L'usage vous fera connaître les autres exceptions.

*Accord de l'*Adjectif *avec le* Nom.

L'adjectif doit prendre les mêmes formes que le nom dont il énonce une qualité, afin qu'on apperçoive sensiblement le rapport de l'un à l'autre. De ce principe sont derivées les règles suivantes :

1. L'adjectif doit se mettre au même genre et au même nombre que le nom auquel il se rapporte.

Forme élégante, taille légère et *souple, gentil plumage, chant mélodieux, cadences perlées, tout enchante dans le Serin ce joli petit musicien de nos appartemens.* Buffon.

2. L'adjectif qui se rapporte à plusieurs noms au singulier, se met au pluriel.

> Philémon et Baucis, *simples* et *vertueux,*
> Ne cherchaient le bonheur que dans leur innocence.

3. L'adjectif qui se rapporte à des noms de genre différent, se met au pluriel, et au masculin, qui est le genre primitif.

> Un père et une mère *chéris* de leurs enfans.
> L'esprit et la vertu sont *seuls faits* pour plaire.

Exception. Si l'adjectif est placé immédiatement après plusieurs *noms de choses,* qui soient employés comme *régimes,* ou qui se rapprochent par le sens, cet adjectif s'accorde seulement avec le dernier nom.

Il a montré un courage et une fermeté *étonnante;* une fermeté et un courage *étonnant.* Charlemagne avait les formes et le port *majestueux*. N'attendez pas que j'expose à vos yeux les tristes images de la religion et de la patrie *éplorée*. Il y a dans la véritable vertu une candeur et une ingénuité à *laquelle* on ne se méprend point.

L'adjectif s'emploie souvent dans le sens du nom substantif.

> Rien n'est beau que le *vrai*, le *vrai* seul est aimable.
> Nous devons préférer l'*utile* à l'*agréable*.   BOILEAU.

Le *vrai* est mis pour la *vérité*; l'*utile*, l'*agréable*, pour l'*utilité*, l'*agrément*.

Souvent aussi les noms communs sont employés adjectivement.

> Est-ce donc être *père*? ah! toute ma raison
> Cède à la cruauté de cette trahison. RAC., trag. Iphigénie.

Le mot *père*, qui dans cet exemple est employé comme adjectif, puisqu'il exprime une *qualité*, est un nom commun dans l'exemple suivant où il désigne des personnes.

> Un bon *père* donne trois choses à ses enfans : la nourriture, l'éducation et le bon exemple.

ADJECTIFS DE NOMBRE.

Les adjectifs de nombre expriment la quantité ou l'ordre des objets. On les divise en nombres cardinaux (1) et nombres ordinaux.

Les nombres *cardinaux* sont *un*, *deux*, *trois*, etc., *vingt*, *trente*, *cent*, *mille*, etc. Ils répondent à cette question : combien y en a-t-il?

Ils sont ainsi nommés, parce qu'ils servent à former les nombres ordinaux.

Les *ordinaux* marquent l'*ordre*, le rang des personnes ou des choses entr'elles : PREMIER, SECOND ou DEUXIÈME, TROISIÈME, etc. Ils se forment en ajoutant *ième* aux nombres cardinaux terminés par une consonne; ainsi, de *un*, *deux*, *trois*, *vingt*, etc., se forment UNIÈME, DEUXIÈME, TROISIÈME,

---

(1) *Cardo*, *cardinis*, fondement, principes.

VINGTIÈME, etc.; mais de *cinq* et *neuf* on fait *cinquième, neuvième*.

Dans les nombres terminés par un *e* muet, on change cet *e* en *ième* : *quatre, quatrième; trente, trentième; mille, millième.*

REMARQUE. — *Un* est le seul adjectif de nombre cardinal qui ait les deux genres : *un* jour, *une* heure. Après *vingt et un, quarante et un*, etc., la raison veut que le *nom* soit au pluriel : *vingt et un siècles, quarante et un chevaux, soixante et un ans accomplis.*

Vingt dans *quatre-vingt*, et *cent* au pluriel prennent une *s*, quand ils sont suivis d'un nom substantif : *quatre-vingts* ans, deux *cents* soldats. On écrit aussi les *quinze-vingts*. Mais suivis d'un autre adjectif de nombre, ils sont invariables : *deux cent quatre-vingt-dix soldats.*

On écrit *mil* pour la date des années : l'an MIL *huit cent vingt*. Partout ailleurs, cet adjectif numéral s'écrit MILLE : *deux* MILLE *chevaux*, les MILLE et un jours.

Mais quand le mot *mille* signifie une distance itinéraire, il rentre dans la classe des noms communs.

Trois MILLES *d'Italie valent une lieue et demie de France.*

Ce mot *demi* est invariable, quand il est placé devant le nom : *une* DEMI-*heure, trois* DEMI-*aunes.*

Mais après le nom, il s'accorde en genre : *deux toises et* DEMIE, *midi et* DEMI (1).

Remarquons que l'adjectif *nu* suit la même règle : *tête* NUE, *pieds* NUS; NU-*tête*, NU-*pieds.*

Les mots *dixaine, centaine, millier, million, milliard*, la *moitié*, le *tiers*, le *double*, etc., sont des *noms* de nombre, et suivent la règle des noms communs.

---

(1) Ne serait-il pas aussi correct d'écrire *midi et demie?* Le sens est : *midi* et la *demie* ou moitié de l'heure qui s'écoule. Le mot *demie* paraît là un nom substantif, comme dans la phrase suivante : *Cette horloge sonne les heures et les* DEMIES.

DE L'ARTICLE.

L'article (1) est un mot que l'on met devant les noms communs, et qui en fait connaître le genre et le nombre.

En français les articles sont *le*, *la*, *les* (2), et quelquefois *un* et *une*.

Le se met devant les noms masculins, *la* devant les noms féminins, au singulier. A l'article *le* ajoutez une *s*, vous aurez le pluriel *les* pour les deux genres.

En contractant *le*, *la*, *les*, avec les prépositions *à* et *de*, on a formé les articles composés *au*, pour *à le*; *aux*, pour *à les*; *du* pour *de le*; *des* pour *de les*.

Au (à le) bruit de votre mort justement éplorée,
Du (de le) reste *des* (de les) humains je vivais séparée.

On supprime *e* dans *le*, *a* dans *la* devant un nom qui commence par une voyelle ou une *h* muette; on les remplace par une apostrophe : *l'abeille* pour *la abeille*.

L'honneur parle, il suffit. = L'honneur est pour *le honneur*.

Un, *une*, sont aussi des articles, lorsqu'ils ne sont pas employés précisément pour marquer le nombre.

Un mortel bienfaisant.

OBSERVATION.

L'article peut changer :

1.° Le *nom propre* en *nom commun* :

Racine est, pour la perfection du style, le Virgile de la France.

---

(1) L'article, dans notre langue comme dans le grec, sert surtout à déterminer l'étendue de la signification des noms communs. Dans la seconde partie de cette Grammaire, nous examinerons l'emploi, la place et les effets de l'article.

(2) Les mots latins ille, illa, nous ont donné *il*, *le*, *la*.

2.º Le nom commun en nom propre :

L'*Apôtre*, pour *S. Paul.*

3.º Les adjectifs en noms communs :

Heureux jour où s'unit l'*utile* à l'*agréable*, c'est-à-dire l'*utilité* à l'*agrément*.

4.º Les infinitifs en noms substantifs :

Le *lever*, le *coucher* du soleil ; le *boire*, le *manger*.
Laissez dire les sots, *le* savoir a son prix.

5.º Les adverbes, les prépositions, les conjonctions en noms substantifs :

Demander LE POURQUOI, LE COMMENT ; *plaider* LE POUR et LE CONTRE ; *opposer des* MAIS, *des* SI, *des* CAR....

RÈGLE.--Les articles s'accordent en genre et en nombre avec le nom auquel ils se rapportent.

(Voyez tous les exemples cités dans ce chapitre.)

DU PRONOM.

Le *pronom* est un mot qui tient la place du nom.

On distingue les pronoms en *personnels*, *possessifs*, *démonstratifs*, *relatifs* et *indéfinis*.

PRONOMS PERSONNELS.

Les *pronoms personnels* sont ceux qui désignent les personnes, ou tiennent la place du nom des personnes. Comme dans toute conversation, il y a trois rôles ou *personnages* à remplir, la grammaire distingue trois ordres de *personnes* : la *première personne* est celle qui parle ; *la seconde* est celle à qui l'on parle; *la troisième* est celle de qui l'on parle.

NOMBRES.	PREMIÈRE PERSONNE.	SECONDE PERSONNE.	TROISIÈME PERSONNE.	
			Masculin.	*Féminin.*
Singulier.	Je, me, moi,	tu, te, toi,	il , lui , le , se , soi ,	elle , lui , la, se, soi,
Pluriel....	nous.	vous.	ils, eux, leur, les, se.	elles, leur, les, se.

Ex. Je *te* laisse mon fils pour gage de ma foi.
    S'*il me* perd, *je* prétends qu'*il me* retrouve en *toi.* RAC.

Les pronoms de la 1.re personne, ceux de la seconde, et dans la 3.me, *lui, leur, les, se, soi,* s'emploient pour les deux genres.

Le pronom *se, soi,* s'appelle *réfléchi,* parce qu'il marque le rapport d'une personne à elle-même.

Cet homme *se* loue trop.

Cet homme et *se* désignent le même personnage.

Il y a encore deux pronoms de la 3.me personne, *en* et *y.* Ils sont des deux genres et des deux nombres.

Je t'ai comblé de biens, je veux t'EN accabler. CORN.

C'est-à-dire , *t'accabler* DE BIENS.

C'est à Troie, et j'*y* cours; et quoi qu'on me préside ,
Je ne demande aux dieux qu'un vent qui m'*y* conduise. R.

Ces deux *y* sont pour *à Troie.*

Remarque. Ne confondez pas le pronom *le, la, les,* avec l'article. Celui-ci précède toujours un nom; le pronom accompagne toujours un verbe, et tient la place d'un nom ou d'autres mots déjà énoncés.

art.
L'estime est gratuite :

pro.   pro.
Pour *l*'obtenir, il *la* faut mériter.

PRONOMS POSSESSIFS.

Les pronoms *possessifs* marquent que la chose dont on parle appartient à la personne qu'ils servent à désigner, comme MON *livre*, c'est-à-dire, *le livre qui est* A MOI.

SINGULIER.   PLURIEL.

MASCULIN.	FÉMININ.	DES DEUX GENRES.
Mon...............	Ma...............	Mes.
Ton...............	Ta...............	Tes.
Son...............	Sa...............	Ses.
Notre............	Notre............	Nos.
Votre............	Votre............	Vos.
Leur.............	Leur.............	Leurs.

Ces pronoms s'emploient sans article, et sont toujours joints à un nom qu'ils précèdent.

> Tel qu'un ruisseau docile
> Obéit à la main qui détourne *son* cours,
> Et laissant de *ses* eaux partager le secours,
> Va rendre tout un champ fertile ;
> Dieu de *nos* volontés arbitre souverain,
> Le cœur des Rois est ainsi dans *ta* main.

Pour éviter un hiatus (1) désagréable, *mon, ton, son*, s'emploient au lieu de *ma, ta, sa*, devant les noms féminins qui commencent par une voyelle ou une *h* muette : MON *ame*, TON *instruction*, SON *honnêteté*.

La libre vérité fut toute *mon* étude. BOIL.

____

(1) Sorte de bâillement causé par la rencontre de deux voyelles.

D'autres pronoms possessifs, toujours précédés de l'article, ne se joignent à aucun nom.

<table>
<tr><td colspan="2" align="center">SINGULIER.</td><td colspan="2" align="center">PLURIEL.</td></tr>
<tr><td>MASCULIN.</td><td>FÉMININ.</td><td>MASCULIN.</td><td>FÉMININ.</td></tr>
<tr><td>Le mien.....</td><td>La mienne.</td><td>Les miens.....</td><td>Les miennes.</td></tr>
<tr><td>Le tien. ....</td><td>La tienne.</td><td>Les tiens.....</td><td>Les tiennes.</td></tr>
<tr><td>Le sien......</td><td>La sienne.</td><td>Les siens......</td><td>Les siennes.</td></tr>
<tr><td>Le nôtre (2)..</td><td>La nôtre.</td><td>Les nôtres. ...</td><td>Les nôtres.</td></tr>
<tr><td>Le vôtre. ...</td><td>La vôtre.</td><td>Les vôtres. ...</td><td>Les vôtres.</td></tr>
<tr><td>Le leur. ....</td><td>La leur.</td><td>Les leurs. ....</td><td>Les leurs.</td></tr>
</table>

Il ne faut pas confondre *leur*, pronom possessif, avec *leur*, pronom personnel : ce dernier signifie *à eux, à elles*; il est toujours joint à un verbe, et toujours invariable. Le pronom possessif est toujours joint à un nom, et prend une *s* au pluriel.

J'étudiai *leur* cœur, je flattai *leurs* caprices,
Je *leur* semai de fleurs le bord des précipices.
RACINE, Athalie.

PRONOMS DÉMONSTRATIFS.

Les pronoms *démonstratifs* sont ceux qui servent à montrer la personne ou la chose dont on parle.

<table>
<tr><td colspan="2" align="center">SINGULIER.</td><td colspan="2" align="center">PLURIEL.</td></tr>
<tr><td>MASCULIN.</td><td>FÉMININ.</td><td>MASCULIN.</td><td>FÉMININ.</td></tr>
<tr><td>Ce, cet.......</td><td>Cette........</td><td>Ces.........</td><td>Ces.</td></tr>
<tr><td>Celui.........</td><td>Celle........</td><td>Ceux. ....</td><td>Celles.</td></tr>
<tr><td>Celui-ci. .....</td><td>Celle-ci. ...</td><td>Ceux-ci. ....</td><td>Celles-ci.</td></tr>
<tr><td>Celui-là. ....</td><td>Celle-là.....</td><td>Ceux-là. ....</td><td>Celles-là.</td></tr>
<tr><td>Ceci, cela.</td><td></td><td></td><td></td></tr>
</table>

C'est un méchant métier que *celui* de médire.
Les gens qui n'aiment qu'eux, ne sont pas *ceux* qu'on aime.

Celui-ci, ceci, désignent l'objet le plus voisin, et dans un discours, ce qu'on va dire ; *celui-là, cela,*

---

(2) Avec l'article, *notre et votre* prennent l'accent circonflexe.

indiquent l'objet le plus éloigné, et ce qui a été déjà dit.

A proprement parler, *ce*, *cette*, *ces*, qui se mettent devant le nom substantif, ne sont pas des pronoms; ce sont plutôt des *adjectifs démonstratifs* :

CE *ciel*, CETTE *terre*, CES *éléments sont l'ouvrage de Dieu.*

A l'adjectif démonstratif *ce*, on ajoute un *t*, devant un nom qui commence par une voyelle ou une *h* muette :

CET *oiseau*, CET *honneur.*

PRONOMS RELATIFS.

Les pronoms relatifs se rapportent toujours à un nom ou à un autre pronom qui les précède, et qu'on nomme ANTÉCÉDENT : Ce sont *qui*, *que*, *quoi*, *lequel*, *laquelle*, *lesquels*, *lesquelles*, et *dont*, pour *duquel*, de *laquelle*, etc.

> O bienheureux mille fois
> L'enfant *que* le Seigneur aime,
> *Qui* de bonne heure entend sa voix ! RAC.

Ces pronoms *relatifs* QUE, QUI, ont pour antécédent *l'enfant.*

Quoi, pour *quelle chose*, est masculin et singulier.

QUOI *de plus beau que la vertu?*

Qui, *que*, *dont*, sont des deux genres et des deux nombres.

Qui est de la même personne que le nom ou pronom dont il tient la place : MOI *qui ai*, TOI *qui as*, LUI *ou* ELLE *qui a*, NOUS *qui avons*, VOUS *qui avez*, EUX *ou* ELLES *qui ont.*

Ces pronoms s'appellent interrogatifs, quand ils servent à interroger.

Que peuvent contre Dieu tous les Rois de la terre? RAC.

PRONOMS INDÉFINIS.

Les pronoms *indéfinis* sont ceux qui n'ont qu'une signification vague et indéterminée, et qui indiquent des personnes ou des choses en général, sans les particulariser. Ce sont *on, quelqu'un, quiconque, chacun, autrui, l'un, l'autre, tel, nul, tout, rien, personne.*

ON *frappe;* QUELQU'UN *vient. On* et *quelqu'un* désignent des personnes qu'on ne nomme pas.

Quiconque fait le mal, est puni tôt ou tard.

C'est-à-dire, *tout homme qui,* etc.

Nous nous pardonnons TOUT, et RIEN aux autres hommes.

Tout, pour *toute chose; rien,* pour *aucune chose.*

Le mot *personne* est tantôt pronom, tantôt nom substantif.

Personne, pronom, est toujours masculin singulier, et ne prend jamais l'article : PERSONNE *ne peut se flatter d'être toujours heureux.*

Personne, nom substantif, est toujours féminin, et précédé de l'article.

Les *personnes* incapables d'oublier les bienfaits sont ordinairement généreuses.

DU VERBE.

Philémon .... vertueux.

Le premier de ces deux mots désigne une *personne;* le second, une *qualité.* Pour affirmer que cette qualité convient à la personne, il faut un mot de plus.

Philémon ÉTAIT *vertueux.*

Était, voilà le verbe, c'est-à-dire, le mot par

lequel j'affirme que Philémon existait avec la *qualité* ou dans l'*état* exprimé par l'adjectif *vertueux*.

Ainsi le verbe affirme l'*état* d'une personne. Il peut aussi exprimer l'*action*.

Philémon PRATIQUAIT la vertu.

Pratiquait est le *verbe*, le mot par lequel j'affirme de Philémon qu'il faisait l'*action de pratiquer*.

On peut appliquer les mêmes observations aux deux phrases ou PROPOSITIONS suivantes :

Le soleil brille. Il éclaire le monde.

Le *verbe* est donc le mot qui énonce l'*état* ou l'*action* de la personne ou de la chose dont on parle.

Dans toute phrase (ou *proposition*) qui présente un sens complet, on distingue trois parties essentielles, le *sujet*, le *verbe et l'attribut*.

SUJET. — On appelle *sujet* le mot qui désigne la personne ou la chose, dont le verbe énonce l'*état* ou l'*action*.

Dans les exemples précédents, *Philémon*, le *soleil*, et le pronom *il*, sont les sujets.

Pour connaître le *sujet*, il suffit de mettre avant le verbe cette interrogation : *Qui est-ce qui?* ou *qu'est-ce qui?*

« Du temple, orné partout de festons magnifiques,
» Le peuple saint en foule inondait les portiques. »

Qui est-ce qui inondait les portiques du temple? le *peuple*.

Le mensonge est le plus bas de tous les vices.

Qu'est-ce qui est le plus bas de tous les vices ? Le *mensonge*, voilà le *sujet*.

ATTRIBUT. — Tout ce qu'on dit du *sujet*, se nomme *attribut*. Ces mots *le plus bas de tous les vices*, expriment la qualité *attribuée* au *mensonge* ; voilà l'*attribut*, que le verbe *est* affirme du *sujet*.

Dans les exemples précédents, *vertueux.... pratiquait la vertu.... brille.... éclaire le monde..... inondait en foule les portiques du temple, orné partout de festons magnifiques*, sont autant d'attributs.

VERBE — A proprement parler, il n'y a qu'un seul verbe : dans notre langue, c'est le verbe *être*. Seul, il exprime l'existence et l'affirmation, et sert à unir l'*attribut* au *sujet*.

Mais la répétition trop fréquente de ce verbe eût rendu le discours (1) long et monotone, comme il est facile de le remarquer dans les phrases suivantes :

J'ai vu l'impie adoré sur la terre : pareil au cèdre, il *était cachant* dans les cieux son front audacieux ; il *était semblant* à son gré *être gouvernant* le tonnerre, *était foulant* aux pieds ses ennemis vaincus ; je n'*ai été faisant* qu'*être* passant, il n'*était* déjà plus.

Le discours est devenu plus concis, plus varié, plus élégant par l'union du *verbe* à des *adjectifs*. Supprimez, par exemple, la terminaison *ant* dans les adjectifs *cachant* (2), *semblant, foulant*; substituez-y *ait*, terminaison du verbe *était*; vous aurez CACH-AIT, SEMBL-AIT, FOUL-AIT.

J'ai vu l'impie adoré sur la terre.
Pareil au cèdre, il *cachait* dans les cieux
Son front audacieux ;
Il *semblait* à son gré gouverner le tonnerre,
Foulait aux pieds ses ennemis vaincus :
Je n'ai fait que passer, il n'*était* déjà plus.

Ces nouveaux verbes qui expriment à la fois

---

(1) Le *discours* est la totalité des mots réunis pour l'expression de nos pensées. Il est composé de *phrases* : la *phrase* est la réunion de plusieurs mots qui expriment une pensée quelconque.

(2) Il était cachant. — Il cachant était.
Il cach--ait. — Il cachait.

l'*affirmation* et une *qualité*, se nomment *verbes adjectifs*.

Dans les verbes, il faut considérer les *nombres*, les *personnes*, les *modes* et les *temps*.

Le verbe a les deux nombres : le *singulier*, quand il s'agit d'une seule personne ou d'une seule chose : je *lis*, tu *lis*, il ou elle *lit*; le *pluriel*, quand il s'agit de plusieurs personnes ou de plusieurs choses : nous *lisons*, vous *lisez*, ils ou elles *lisent*. Dans les verbes, on distingue trois personnes : elles sont désignées par les pronoms.

Singulier.

1.re Personne, J'AI; 2.e, TU AS; 3.me, IL OU ELLE A.

Pluriel.

1.re Personne, NOUS AVONS; 2.e, VOUS AVEZ; 3.me, ILS OU ELLES ONT.

On appelle *Modes* les différentes manières d'employer le verbe. Il y a cinq *modes* : l'INDICATIF, *je chante*; le CONDITIONNEL, *je chanterais*; l'IMPÉRATIF, *chante*; le SUBJONCTIF, *que je chante*; et l'INFINITIF, *chanter*.

Les *temps*, dans le verbe, indiquent les époques où se passent les choses dont on parle.

Il y a trois tems simples, le *présent*, le *passé*, le *futur* : je *lis*, j'ai *lu*, je *lirai*.

Ces *nombres*, ces *personnes*, ces *modes* et ces *temps* sont marqués par les diverses *terminaisons* du verbe.

On appelle *terminaison* la lettre, ou les lettres, ou les syllabes qui suivent le *radical*;

Et on appelle *radical* la lettre, ou les lettres qui restent invariables dans la *conjugaison*.

RADICAL.   TERMINAISON.

Je, tu, il, nous, vous, ils.

Aim.......... e , es , e , ons , ez , ent........... *présent.*

Chant...... ais , ais , ait, ions , iez , aient...... *imparfait.*

Promen.... ai , as , a , âmes , âtes , èrent...... *parf. défini.*

Transport.. erai , eras , era , erons , erez , eront. *futur.*

Fin --...... irais, irais, irait, irions, iriez, iraient. *conditionnel.*

Reç.. --... ois , oive , evons , evez, oivent. *impératif.*

Rend --,.... e , es , e , lons , iez , ent.......... *subj. présent.*

Pr.......... isse , isses , ît, issions, issiez, issent.. *subj. imparf.*

Tout verbe est ainsi composé de deux éléments :

Le *radical*, comme on voit , est la partie du verbe qui représente l'*attribut*, c'est-à-dire, l'*état* ou l'*action* marquée par ce verbe.

La *terminaison* exprime l'idée de l'existence avec toutes les variations de *nombres*, de *personnes*, de *modes* et de *temps.*

EXPLICATION DES MODES ET DES TEMPS.

(1.ᵉʳ Mode.). — L'INDICATIF.

L'*indicatif* affirme, d'une manière certaine et positive, le *présent*, le *passé* et le *futur*, c'est-à-dire, marque qu'une chose *est*, ou qu'elle *a été*, ou qu'elle *sera*.

Ce mode a 8 temps : le *présent*, l'*imparfait*, le *parfait défini*, le *parfait indéfini*, le *parfait antérieur*, le *plus-que-parfait*, le *futur absolu*, le *futur passé*.

Le *présent* marque qu'une chose est ou se fait à l'instant même de la parole, ou habituellement.

Je chante, maintenant, quelquefois.

L'*imparfait* marque qu'une chose se faisait en même temps qu'une autre, dans un temps passé.

Je chantais, lorsque vous entriez.

Le *parfait défini* marque qu'une chose a été faite dans un temps dont on désigne l'époque, et dont il ne reste plus rien.

Je chantai hier, la semaine dernière, l'an passé.

Le *parfait indéfini* marque une chose faite tantôt dans un temps qui n'est pas encore tout-à-fait écoulé, tantôt dans un temps tout-à-fait passé.

L'époque peut être désignée, ou ne l'être pas.

J'ai chanté aujourd'hui, hier, cette semaine, la semaine dernière.

Le *parfait antérieur* marque une chose faite avant une autre, dans un temps tout-à-fait écoulé.

Hier on applaudit, lorsque *j'eus chanté*.

On a cru rendre l'explication des *temps* plus simple et plus claire, par des exemples très-courts, pris dans le même verbe, CHANTER.

(27)

Une autre forme de ce temps marque précisément le terme de l'action.

On a applaudi, dès que *j'ai eu chanté*.
(Ce temps est peu en usage.)

Le *plus-que-parfait* est ainsi nommé, parce qu'il
exprime doublement le passé.

Il marque qu'une chose était déjà achevée, quand
on en a fait une autre.

J'avais chanté, avant d'avoir appris la musique.

Le *futur absolu* marque qu'une chose sera ou se
fera dans un temps qui n'est pas encore arrivé.

Demain, bientôt, *je chanterai*.

Le *futur passé* marque qu'une chose sera déjà
achevée, quand une autre qui doit la suivre, aura
lieu.

Quand *j'aurai chanté*, on applaudira peut-être.

(2.me Mode.) LE CONDITIONNEL.

Le conditionnel ajoute à la signification principale
du verbe l'idée d'une *condition* ou supposition,
exprimée ou sous-entendue.

» Je sais que, du mensonge implacable ennemie,
» Josabeth *livrerait* même sa propre vie,
» S'il fallait que sa vie à sa sincérité
» Coutât le moindre mot contre la vérité. »

Ce mode a deux tems.

Le conditionnel présent marque, suivant les
circonstances, qu'une chose serait actuellement ou
dans la suite, moyennant une *condition*.

Je chanterais aujourd'hui, demain, si on le desirait.

Le conditionnel passé marque qu'une chose aurait
été faite dans un tems passé, si certaine condition
avait eu lieu.

J'aurais chanté hier, ce matin, si on l'avait desiré.

(3.ᵐᵉ Mode.) L'IMPÉRATIF.

L'*impératif* marque l'*ordre*, la *prière* ou l'*invi-tation* de faire quelque chose.

« Descends du haut dés Cieux, auguste vérité !
» Répands sur mes écrits ta force et ta clarté ! »

Ce mode a deux temps.

Présent-futur. Ce temps indique un *présent* par rapport au commandement ; et un *futur* par rapport à l'exécution.

Chantez pour vous faire plaisir.

Un autre temps de ce mode, outre le *futur*, marque un *passé* relativement à une autre époque désignée.

Ayez chanté avant mon retour.

(4.ᵐᵉ Mode.) LE SUBJONCTIF.

Le *subjonctif* est ainsi appelé, parce qu'il est *joint* et subordonné à un verbe qui le précède, et sans lequel il ne peut former un sens complet.

Quand deux verbes sont réunis par des termes conjonctifs, *que*, *qui*, *où*, *dont*, etc., le second se met à l'indicatif, si l'on veut exprimer une chose certaine, positive.

« Je crois qu'on vous *a trompé*. »

Mais on préfère le mode subjonctif, si l'on veut exprimer la volonté, le desir, le doute, la crainte, l'incertitude.

« Je crains qu'on ne vous *ait trompé*.
            Est-il aucun moment
Qui vous *puisse* assurer d'un second seulement ? »

Souvent le premier verbe, et même la conjonction *que* se sous-entendent : « FASSE *le Ciel que vous soyez toujours heureux !* c'est-à-dire : JE SOUHAITE QUE *le Ciel fasse*, etc.

Ce mode a quatre temps.

PRÉSENT (1).

(2) On veut, on voudra *que je chante.*

IMPARFAIT.

On voulait, on voulut, on a voulu, on voudrait, on au-rait voulu *que je chantasse.*

PARFAIT.

On veut, on voudra, on aura voulu *que j'aie chanté.*

PLUS-QUE-PARFAIT.

On voulait, on aurait voulu *que j'eusse chanté.*

(5.ᵐᵉ Mode.) L'INFINITIF.

L'infinitif exprime l'*action* ou l'*état* en général, sans énoncer ni les *temps*, ni les *nombres*, ni les *personnes* (3).

Ce mode a quatre formes.

Le présent, qui par lui-même n'indique aucune circonstance de temps, peut se rapporter à toutes les époques exprimées par le verbe dont il dépend.

« *Il faut chanter, il a fallu chanter, il faudra chanter.* »

Le *parfait* de l'infinitif marque un passé relatif au verbe qui le précède.

« Ce musicien croyait *avoir* parfaitement *chanté.*
» Vous me paraissez *avoir reçu* une bonne éducation. »

Le participe est ainsi appelé, parce qu'il *participe,*

---

(1) Au mode subjonctif, les rapports de temps sont moins exprimés par les formes du verbe que par les circonstances du discours. (Voyez la syntaxe du verbe, dans la seconde partie.)

(2) Dans ces exemples, le verbe *vouloir* peut indiquer la correspondance des *temps* de l'indicatif et du conditionnel avec ceux du subjonctif.

(3) Le verbe, ainsi dépouillé de tous les accessoires qu'il a dans les autres modes, devient un nom *abstrait* qui, comme les autres noms, peut être

1.° *Sujet.* « MOURIR pour sa patrie est un sort plein d'appas.

2.° Régime....Je veux *récompenser* le mérite et la foi.

3.° Complément d'une préposition.

Garde-toi *de mentir* ! cette habitude est vile.

parce qu'il tient de la nature du verbe et de celle de l'adjectif.

Il tient du verbe, en ce qu'il exprime l'état ou l'action du sujet; qu'il marque les temps, comme son verbe; et qu'il garde le même régime; on dit : *aimant, ayant aimé la patrie; comme j'aime, j'ai aimé* la patrie.

Il tient de l'adjectif, parce qu'il exprime les qualités d'une personne ou d'une chose : *un homme* AIMÉ, RESPECTÉ; *des hommes* AIMÉS, RESPECTÉS.

Il y a deux participes ; le participe PRÉSENT, toujours terminé en *ant*, qui ne prend ni genre ni nombre.

Je les ai entendus *chantant* une romance.

Et le participe PASSÉ, qui dans plusieurs occasions s'emploie au masculin ou au féminin, au singulier ou au pluriel. *Chanté, chantée, ayant chanté.*

(*Voyez la syntaxe des participes.*)

DE LA CONJUGAISON (1) DES VERBES.

Conjuguer, c'est réciter ou écrire les *modes* d'un verbe, avec tous leurs *temps*, leurs *nombres* et leurs *personnes*.

Il y a quatre conjugaisons différentes, qu'on distingue par la terminaison du présent de l'infinitif.

La première a l'*infinitif* terminé en *er*, comme *aimer, chanter*; la seconde, en *ir*, comme *finir, bénir*; la troisième en *oir*, comme *recevoir, vouloir*; la quatrième en *re*, comme *rendre, instruire.*

DES VERBES AUXILIAIRES.

Les verbes *avoir* et *être* se nomment auxiliaires, lorsqu'ils servent à conjuguer les autres verbes, en se joignant au participe passé. Il est indispensable de les placer avant les quatre conjugaisons principales.

____

(1) La conjugaison est l'arrangement de toutes les terminaisons du verbe selon les modes, les temps, les nombres et les personnes.

Conjugaison du verbe auxiliaire AVOIR.

INDICATIF, PREMIER MODE.

PRÉSENT.

J'ai, tu as, il ou elle a,
Nous avons, vous avez, ils ou
    elles ont (1).

IMPARFAIT.

J'avais, *ou* j'avois (2).
Tu avais, il avait (3),
Nous avions, vous aviez, ils
    avaient.

PARFAIT DÉFINI.

J'eus, tu eus, il eut,
Nous eûmes, vous eûtes, ils
    eurent.

PARFAIT INDÉFINI.

J'ai eu, tu as eu, il a eu,
Nous avons eu, vous avez eu,
    ils ont eu.

PARFAIT ANTÉRIEUR.

Quand, dès que

J'eus eu, tu eus eu, il eut eu,
Nous eûmes eu, vous eûtes eu,
    ils eurent eu.

PLUS-QUE-PARFAIT.

J'avais eu, tu avais eu, il avait eu,
Nous avions eu, vous aviez eu,
    ils avaient eu.

FUTUR.

J'aurai, tu auras, il aura,
Nous aurons, vous aurez, ils
    auront.

FUTUR PASSÉ.

Quand, dès que

J'aurai eu, tu auras eu, il aura eu,
Nous aurons eu, vous aurez eu,
    ils auront eu.

CONDITIONNEL, 2.me MODE.

PRÉSENT *ou* FUTUR.

J'aurais, tu aurais, il aurait,
Nous aurions, vous auriez, ils
    auraient.

PASSÉ.

J'aurais eu, tu aurais eu, il au-
    rait eu,
Nous aurions eu, vous auriez
    eu, ils auraient eu.

Autrement.

J'eusse eu, tu eusses eu, il eût eu,
Nous eussions eu, vous eussiez
    eu, ils eussent eu.

IMPÉRATIF, 3.me MODE.

Point de 1.re pers. au singulier.

Aie, qu'il ait,
Ayons, ayez, qu'ils aient.

---

(1) Dans la phrase interrogative on écrirait: *Ai-je ? as-tu ? a-t-il,* ou *a-t-elle ? avons-nous, avez-vous ? ont-ils,* ou *ont-elles ?*

(2) En 1816, l'abbé Girard proposa d'écrire *ai* pour *oi,* partout où l'*oi* se prononce comme l'è ouvert. Ce changement a paru raisonnable, utile dans ses effets : plusieurs de nos meilleurs écrivains l'ont adopté, et ont écrit : Franç*OIS* I er, r*OI* des Franç*AIS.* C'est à l'*Académie Française* qu'appartient le droit d'approuver ou de condamner cette orthographe.

(3) Il n'est pas besoin d'avertir que si le *sujet* du verbe est un nom féminin, on dit *elle,* au lieu de *il; elles,* au lieu de *ils,* à la troisième personne, dans tous les *temps.*

SUBJONCTIF, 4.me MODE.

PRÉSENT ou FUTUR.

Il faut, il faudra

Que j'aie, que tu aies, qu'il ait, que nous ayons, que vous ayez, qu'ils aient.

IMPARFAIT.

Il fallait, il faudrait

Que j'eusse, que tu eusses, qu'il eût (1),
Que nous eussions, que vous eussiez, qu'ils eussent.

PARFAIT.

Il faut, il a fallu

Que j'aie eu, que tu aies eu, qu'il ait eu.

Que nous ayons eu, que vous ayez eu, qu'ils aient eu.

PLUS-QUE-PARFAIT.

Il aurait fallu

Que j'eusse eu, que tu eusses eu, qu'il eût eu,
Que nous eussions eu, que vous eussiez eu, qu'ils eussent eu.

INFINITIF, 5me MODE.

PRÉSENT......... Avoir.

PARFAIT......... Avoir eu.

PARTIC. PRÉS.. Ayant.

PARTIC. PASSÉ. Eu, eue, ayant eu.

Conjugaison du verbe auxiliaire *ÉTRE*.

INDICATIF.

PRÉSENT.

Je suis, tu es, il *ou* elle est,
Nous sommes, vous êtes, ils *ou* elles sont (2).

IMPARFAIT.

J'étais *ou* j'étois, tu étais, il était,
Nous étions, vous étiez, ils étaient.

PARFAIT DÉFINI.

Je fus, tu fus, il fut,
Nous fûmes, vous fûtes, ils furent.

PARFAIT INDÉFINI.

J'ai été, tu as été, il a été,
Nous avons été, vous avez été, ils ont été.

PARFAIT ANTÉRIEUR.

Quand, dès que

J'eus été, tu eus été, il eut été,
Nous eûmes été, vous eûtes été, ils eurent été.

PLUS-QUE-PARFAIT.

J'avais été, tu avais été, il avait été,
Nous avions été, vous aviez été, ils avaient été.

(1) Au conditionnel passé et au plus-que-parfait du subjonctif, on met un accent circonflexe sur *eût*.

(2) Dans la phrase interrogative, on écrirait : *Suis-je ? es-tu ? est-il ? sommes-nous ? êtes-vous ? sont-ils ?*

FUTUR.

Je serai, tu seras, il sera,
Nous serons, vous serez, ils seront.

FUTUR PASSÉ.

Quand, dès que

J'aurai été, tu auras été, il aura été,
Nous aurons été, vous aurez été, ils auront été.

CONDITIONNEL.

PRÉSENT *ou* FUTUR.

Je serais, tu serais, il serait,
Nous serions, vous seriez, ils seraient.

PASSÉ.

J'aurais été, tu aurais été, il aurait été,
Nous aurions été, vous auriez été, ils auraient été.

Autrement.

J'eusse été, tu eusses été, il eût été.
Nous eussions été, vous eussiez été, ils eussent été,

IMPÉRATIF.

Point de 1ʳᵉ pers. au singulier.

Sois, qu'il soit,
Soyons, soyez, qu'ils soient.

SUBJONCTIF.

PRÉSENT *ou* FUTUR.

Il faut, il faudra

Que je sois, que tu sois, qu'il soit,
Que nous soyons, que vous soyez, qu'ils soient.

IMPARFAIT.

Il fallait, il faudrait

Que je fusse, que tu fusses, qu'il fût,
Que nous fussions, que vous fussiez, qu'ils fussent.

PARFAIT.

Il a fallu, il aura fallu

Que j'aie été, que tu aies été, qu'il ait été,
Que nous ayons été, que vous ayez été, qu'ils aient été.

PLUS-QUE-PARFAIT.

Il aurait fallu

Que j'eusse été, que tu eusses été, qu'il eût été,
Que nous eussions été, que vous eussiez été, qu'ils eussent été.

INFINITIF.

PRÉSENT.........Être.
PARFAIT.........Avoir été.
PARTICIPE PRÉSENT. Étant.
PARTICIPE PASSÉ...Été (1) ayant été.

———

OBSERVATIONS. Il est important de conjuguer plusieurs fois, et de bien graver dans la mémoire les deux auxiliaires, puisque sans eux on ne peut conjuguer les autres verbes.

Au verbe *Être*, on pourrait ajouter un adjectif, comme *je suis attentif*, ou attentive; *tu es attentif*, etc.; au verbe *Avoir*, un nom substantif, comme *j'ai soin, tu as soin*, etc.

———

(1) *Été* n'a ni genre ni nombre.

Temps simples. -- Temps composés.

On appelle *temps simples* ceux qui se conjuguent sans aucun des auxiliaires : *J'aime*, *j'aimais*, *j'aimerais*.

Les *temps composés* sont ceux où l'un des auxiliaires se joint au participe passé d'un autre verbe : *J'ai aimé*, *j'avais aimé*, *j'aurais aimé*.

Je suis venu, *j'étais venu*, *je serais venu*.

VERBES ACTIFS.

Le verbe *actif* est celui qui exprime une *action* faite par le sujet, et qui a ou peut avoir un régime direct.

(On reconnaît qu'un verbe est *actif*, quand on peut y ajouter *quelqu'un* ou *quelque chose*. *Aimer* est donc un verbe *actif*.)

On appelle *régime direct* l'objet de l'action exprimée par le verbe. On connaît ce *régime (accusatif du grec et du latin)* en mettant après le verbe ces pronoms interrogatifs *qui* ou *quoi*. *Dieu récompense la vertu.* Dieu récompense *qui* ou *quoi* ? Réponse, *la vertu*. La vertu est le régime direct du verbe *récompense*.

Qui est-ce qui récompense la vertu ? Réponse, *Dieu*. *Dieu* est le sujet du verbe *récompense*.

Pour concevoir les règles du participe passé, il est indispensable de bien connaître le *sujet* et le *régime*. Dans les vers suivans, les sujets sont indiqués par le chiffre 1 , et les régimes, par le chiffre 3.

<pre>
        1
Henri quatre vainqueur, de monuments nouveaux,
           3   3
Embellira vos parcs, ornera vos châteaux.
           1   3   3
Souvent vous le verrez, cachant son diadème,
           3   3 1
Visiter l'humble toît du laboureur qu'il aime.
</pre>

1.re CONJUGAISON EN *ER*.

AIMER , AIM... radical.

(Ier MODE). L'INDICATIF

Affirme, d'une manière certaine et positive, le *présent*, le *passé* et le *futur*, c'est-à-dire, marque qu'une chose *est*, qu'elle *a été* ou qu'elle *sera*.

Ce mode a huit temps.

(Avant de réciter chaque *temps*, il est utile d'en donner la définition.)

PRÉSENT.

J'aim *e* (1), tu aim *es*, il aim *e*,
Nous aim *ons*, vous aim *ez*,
ils aim *ent*.

IMPARFAIT.

J'aimais *ou* j'aimois, tu aimais,
il aimait,
Nous aimions, vous aimiez, ils
aimaient.

PARFAIT DÉFINI.

J'aimai, tu aimas, il aima,
Nous aimâmes, vous aimâtes,
ils aimèrent.

PARFAIT INDÉFINI.

J'ai aimé, tu as aimé, il a aimé,
Nous avons aimé, vous avez
aimé, ils ont aimé.

PARFAIT ANTÉRIEUR.

J'eus aimé, tu eus aimé, il eut
aimé,
Nous eûmes aimé, vous eûtes
aimé, ils eurent aimé.

PLUS-QUE-PARFAIT.

J'avais aimé, tu avais aimé, il
avait aimé,
Nous avions aimé, vous aviez
aimé, ils avaient aimé.

FUTUR (absolu).

J'aimerai, tu aimeras, il aimera,
Nous aimerons, vous aimerez,
ils aimeront.

FUTUR PASSÉ.

J'aurai aimé, tu auras aimé, il
aura aimé,
Nous aurons aimé, vous aurez
aimé, ils auront aimé.

(2.e MODE.) LE CONDITIONNEL

Ajoute à la signification principale du verbe l'idée d'une *condition* ou supposition, exprimée ou sous-entendue.

CONDITIONNEL PRÉSENT.

J'aimerais, tu aimerais, il
aimerait,
Nous aimerions, vous aimeriez,
ils aimeraient.

CONDITIONNEL PASSÉ.

J'aurais aimé, tu aurais aimé,
il aurait aimé,
Nous aurions aimé, vous auriez
aimé, ils auraient aimé.

---

(1) Avec interrogation, l'on écrirait : *Aimé-je ? aimes-tu ? aime-t-il ? aimons-nous ? aimez-vous ? aiment-ils ?*

Autrement.

J'eusse aimé, tu eusses aimé, il
   eût aimé,
Nous eussions aimé, vous eussiez aimé, ils eussent aimé.

(3.ᵉ MODE.) L'IMPÉRATIF

Marque l'*ordre*, la *prière*,
ou l'*invitation* de faire quelque
chose.

PRÉSENT *ou* FUTUR.

Point de 1.ʳᵉ *pers. au sing.* (1).

Aime (2), qu'il aime,
Aimons, aimez, qu'ils aiment.

(4.ᵉ MODE.) LE SUBJONCTIF

Est ainsi appelé, parce qu'il
est *joint* et subordonné à un
verbe qui le précéde, et sans
lequel il ne peut former un sens
complet.

Le subjonctif s'emploie dans
des phrases qui expriment la
volonté, le désir, le doute, la
crainte, etc.

Ce mode a quatre temps.

PRÉSENT.

Il faut, il faudra

Que j'aime, que tu aimes, qu'il
   aime,
Que nous aimions, que vous
   aimiez, qu'ils aiment.

IMPARFAIT.

Il fallait, il faudrait

Que j'aimasse, que tu aimasses,
   qu'il aimât (3),
Que nous aimassions, que vous
   aimassiez, qu'ils aimassent,

PARFAIT.

Il faut, il a fallu

Que j'aie aimé, que tu aies aimé,
   qu'il ait aimé,
Que nous ayons aimé, que vous
   ayez aimé, qu'ils aient aimé.

PLUS-QUE-PARFAIT.

Il aurait fallu

Que j'eusse aimé, que tu eusses
   aimé, qu'il eût aimé,
Que nous eussions aimé, que
   vous eussiez aimé, qu'ils
   eussent aimé.

(5.ᵉ MODE). L'INFINITIF

Exprime l'action ou l'état en
général, sans désigner ni les
temps, ni les *nombres*, ni les
personnes.

Ce mode a quatre formes.

PRÉSENT.............. Aimer.
PARFAIT.............. Avoir aimé.
PARTICIPE PRÉSENT. Aimant.
PARTICIPE PASSÉ.. Aimé, aimée,
   ayant aimé.

---

(1) On ne peut se parler à soi-même qu'à la seconde personne.

(2) A l'impératif, la seconde personne du singulier s'écrit sans *s*,
dans tous les verbes dont l'infinitif est en *er*, et dans ceux en *ir*,
dont le présent de l'indicatif est en *e*, comme OFFRIR, J'OFFRE, impératif,
OFFRE; mais on ajoute l's, si ces impératifs sont suivis des adverbes *en* ou *y*:
« apportes-y des livres, offres-en à ton frère. »

(3) A la 3.ᵉ personne de l'imparfait du subjonctif, on met toujours
un *t* final, et, sur la dernière voyelle, un accent circonflexe, qui le
distingue du parfait défini.

VERBES DE LA PREMIÈRE CONJUGAISON TERMINÉS

EN *GER.*	EN *AILLER, EILLER, OUILLER,*	EN *IER.*
Présent.		
Je range, nous rangeons (1).	Je veille, nous veillons.	Je prie, nous prions.
Imparfait.		
Je rangeais, nous rangions,	Je veillais, nous veillions,	Je priais, nous priions.
Parfait défini.		
Je rangeai, nous rangeâmes.	Je veillai, nous veillâmes.	Je priai, nous priâmes.
Futur.		
Je rangerai, nous rangerons.	Je veillerai, nous veillerons.	Je prierai, nous prierons,
Conditionnel présent.		
Je rangerais, nous rangerions.	Je veillerais, nous veillerions.	Je prierais, nous prierions.
Subjonctif présent.		
Que je range, que nous rangions.	Que je veille, que nous veillions.	Que je prie, que nous priions.
Imparfait.		
Que je rangeasse, que nous rangeassions.	Que je veillasse, que n. veillassions.	Que je priasse, que nous priassions.
Ainsi se conjuguent : Songer, venger, loger, voyager, partager, etc.	Détailler, travailler, conseiller, mouiller, brouiller, etc.	Supplier, crier, étudier, nier, oublier, etc.

(1) Dans les verbes en *GER*, on conserve l'*E* devant l'*O* et l'*A*, quoiqu'il ne se prononce pas.

VERBES DE LA PREMIÈRE CONJUGAISON TERMINÉS

EN OUER, UER.	*EN ÉER.*	*EN AYER, OYER, UYER.*	*EN ELER.* ETER.
Présent.			
Je loue, nous louons.	J'agrée, nous agréons.	J'essaie, nous essayons.	Je rappelle (1). nous rappelons.
Imparfait.			
Je louais, nous louïons.	J'agréais, nous agréions.	J'essayais, nous essayions.	Je rappelais, nous rappelions.
Parfait défini.			
Je louai, nous louâmes.	J'agréai, nous agréâmes.	J'essayai, nous essayâmes.	Je rappelai, nous rappelâmes.
Futur.			
Je louerai, nous louerons.	J'agréerai, nous agréerons.	J'essaierai, nous essaierons.	Je rappellerai, nous arppellerons.
Cond. présent.			
Je louerais, nous louerions.	J'agréerais, nous agréerions.	J'essaierais, nous essaierions.	Je rappellerais, n. rappellerions.
Subj. présent.			
Que je loue, que n. louïons.	Que j'agrée, que n. agréions.	Que j'essaie, que n. essayions.	Que je rappella, que n. rappelions.
Imparfait.			
Que je louasse, q. n. louassions.	Que j'agréasse, q. n. agréassions.	Que j'essayasse, q. n. essayassions.	Que je rappelasse, q. n. rappelassions.
Avouer, Jouer, échouer, contribuer, distribuer, etc.	Créer, recréer, suppléer, etc.	Payer, effrayer, employer, foudroyer, appuyer, etc.	Atteler, harceler, jeter, cacheter, etc.

Ainsi se conjuguent

(1) Dans les verbes en *ELER*, on redouble la lettre *L*, et dans les verbes en *ETER*, la lettre *T*, toutes les fois qu'elles doivent être suivies d'un *E* muet.

Verbes *réguliers*, *irréguliers*, *défectifs*.

On appelle 1.º *verbes réguliers* les verbes qui pour la formation de leurs nombres, de leurs personnes, de leurs temps et de leurs modes, suivent les conjugaisons générales ;

2.º *Verbes irréguliers* ceux dont les terminaisons ne sont pas exactement conformes à celles du modèle ;

3.º *Verbes défectifs*, ceux auxquels il manque quelque mode, quelque temps, quelque *forme*, que l'usage n'admet pas.

Dans la 1ʳᵉ conjugaison il n'y a que deux verbes *irréguliers:* *Envoyer, aller.*

Envoyer se conjugue comme les verbes en *ayer, oyer, uyer*, 3.ᵉ colonne du tableau précédent. Il n'est irrégulier que dans deux temps...

FUTUR. — *J'enverrai, tu enverras ; il enverra, nous enverrons, vous enverrez, ils enverront.*

CONDITIONNEL PRÉSENT. — *J'enverrais , tu enverrais, il enverrait, nous enverrions, vous enverriez, ils enverraient.*

Conjugaison des verbes *Aller* et *s'en Aller.*

PRÉS. Je vais, tu vas, il va, nous allons, vous allez, ils vont.	Je m'en vais, tu t'en vas, il s'en va , n. n. en allons , vous vous en allez, ils s'en vont.
IMPARF. J'allais.	Je m'en allais, etc.
PARF. DÉF. J'allai.	Je m'en allai, etc.
PARF. INDÉF. Je suis allé, tu es allé, il est allé, nous sommes allés, vous êtes allés , ils sont allés.	Je m'en suis allé, tu t'en es allé, il s'en est allé , nous nous en sommes allés, vous vous en êtes allés, ils s'en sont allés.
PARF. ANT. Je fus allé.	Je m'en fus allé.
PLUS-QUE-PARF. J'étais allé.	Je m'en étais allé.
FUTUR. J'irai, tu iras, il ira, nous irons, vous irez, ils iront.	Je m'en irai, tu t'en iras, il s'en ira , n. n. en irons , vous vous en irez , ils s'en iront.
FUT. PAS. Je serai allé.	Je m'en serai allé.
COND.¹ PRÉS. J'irais, tu irais, il irait, nous irions, vous iriez, ils iraient.	Je m'en irais, tu t'en irais, il s'en irait, n. n. en irions, vous vous en iriez, ils s'en iraient.
COND.¹ PAS. Je serais allé.	Je m'en serais allé.
Autrement. Je fusse allé.	Je m'en fusse allé.

IMPÉRATIF. Va, qu'il aille, | Va-t'en, qu'il s'en aille,
allons, allez, qu'ils aillent. | allons-nous-en, allez-vous-en,
| qu'ils s'en aillent.

SUBJ. PRÉS. Que j'aille, que | Que je m'en aille, que tu t'en
tu ailles, qu'il aille, que nous | ailles, qu'il s'en aille, que nous
allions, que vous alliez, qu'ils | nous en allions, que vous vous
aillent. | en alliez, qu'ils s'en aillent.

IMPARF. Que j'allasse. | Que je m'en allasse, etc.
PARF. Que je sois allé. | Que je m'en sois allé.
PLUS-Q.-P. Que je fusse allé. | Que je m'en fusse allé.

INFINITIF.

PRÉSENT ...... Aller, | S'en aller,
PARFAIT ...... Être allé, ée. | s'en être allé, éc.
PARTICIPE PRÉS. Allant, | s'en allant,
PART. PASSÉ.... Allé, ée. | s'en étant allé, ée.

REMARQUE. = Je *fus*, tu *fus*, il *fut*, etc., pour j'*allai*,
tu *allas*, il *alla*, etc., n'est admis que dans le discours familier; mais au lieu de je *suis allé*, tu *es allé*, etc., on
peut dire j'*ai été*, tu *as été*, etc., lorsqu'on veut marquer
le retour.

SECONDE CONJUGAISON EN *IR*.

FINIR (MODÈLE.) *FIN... RADICAL.*

INDICATIF.

PRÉSENT.

Je finis, tu finis, il finit.
Nous finissons, vous finissez,
ils finissent (1).

IMPARFAIT.

Je finissais, tu finissais, il fi-
nissait,
Nous finissions, vous finissiez,
ils finissaient.

PARFAIT DÉFINI.

Je finis, tu finis, il finit,
Nous finîmes, vous finîtes, ils
finirent.

PARFAIT INDÉFINI.

J'ai fini, tu as fini, il a fini,
Nous avons fini, vous avez fini,
ils ont fini.

PARFAIT ANTÉRIEUR.

J'eus fini, tu eus fini, il eut fini,

______

(1) Avec interrogation, l'on écrirait : *Finis-je ? finis-tu ? finit-il ?
finissons-nous ? finissez-vous ? finissent-ils ?*

Nous eûmes fini, vous eûtes fini,
ils eurent fini.

PLUS-QUE-PARFAIT.

J'avais fini, tu avais fini, il
avait fini,
Nous avions fini, vous aviez
fini, ils avaient fini.

FUTUR.

Je finirai, tu finiras, il finira,
Nous finirons, vous finirez, ils
finiront.

FUTUR PASSÉ.

J'aurai fini, tu auras fini, il
aura fini,
Nous aurons fini, vous aurez
fini, ils auront fini.

CONDITIONNEL.

PRÉSENT.

Je finirais, tu finirais, il finirait,
Nous finirions, vous finiriez,
ils finiraient.

PASSÉ.

J'aurais fini, tu aurais fini, il
aurait fini,
Nous aurions fini, vous auriez
fini, ils auraient fini.

Autrement.

J'eusse fini, tu eusses fini, il
eût fini,
Nous eussions fini, vous eussiez
fini, ils eussent fini.

IMPÉRATIF.

PRÉSENT *ou* FUTUR.

Point de 1.re pers. au singulier.
Finis, qu'il finisse,

Finissons, finissez, qu'ils finissent.

SUBJONCTIF.

PRÉSENT.

Il faut

Que je finisse, que tu finisses,
qu'il finisse,
Que nous finissions, que vous
finissiez, qu'ils finissent.

IMPARFAIT.

Il fallait

Que je finisse, que tu finisses,
Qu'il finît,
Que nous finissions, que vous
finissiez, qu'ils finissent.

PARFAIT.

Il faut

Que j'aie fini, que tu aies fini,
qu'il ait fini,
Que nous ayons fini, que vous
ayez fini, qu'ils aient fini.

PLUS-QUE-PARFAIT.

Il aurait fallu

Que j'eusse fini, que tu eusses
fini, qu'il eût fini,
Que nous eussions fini, que
vous eussiez fini, qu'ils
eussent fini.

INFINITIF.

PRÉSENT . . . . . Finir.
PARFAIT . . . . . . Avoir fini.
PARTIC. PRÉS. . Finissant.
PARTIC. PASSÉ. Fini, finie, ayant
fini.

1.re DIVISION.	2.e DIVISION.	3.e DIVISION.	4.e DIVISION.
Finir.	*Sentir.*	*Ouvrir.*	*Tenir.*
Finissant	Sentant	Ouvrant	Tenant
fini.	senti	ouvert.	tenu
Je finis	Sens	Ouvre	Tiens
tu finis	sens	ouvres	tiens
il finit	sent	ouvre	tient
nous finissons	sentons	ouvrons	tenons
vous finissez	sentez	ouvrez	tenez
ils finissent.	sentent.	ouvrent.	tiennent.
Je finissais·	Sentais.	Ouvrais.	Tenais

Les autres personnes, comme dans la Conjugaison précédente.

1.re DIVISION.	2.e DIVISION.	3.e DIVISION.	4.e DIVISION.
Je finis	Sentis	Ouvris	Tins
tu finis	sentis	ouvris	tins
il finit	sentit	ouvrit	tint
nous finîmes	sentîmes	ouvrîmes	tînmes
vous finîtes	sentîtes	ouvrîtes	tîntes
ils finirent.	sentirent.	ouvrirent.	tinrent.
Je finirai	Sentirai	Ouvrirai	Tiendrai
nous finirons.	sentirons.	ouvrirons.	tiendrons.
Je finirais	Sentirais	Ouvrirais	Tiendrais
nous finirions.	sentirions.	ouvririons.	tiendrions.
Finis	Sens	Ouvre	Tiens
qu'il finisse	qu'il sente	qu'il ouvre	qu'il tienne
finissons	sentons	ouvrons	tenons
finissez	sentez	ouvrez	tenez
qu'ils finissent.	qu'ils sentent.	qu'ils ouvrent.	qu'ils tiennent.
Que je finisse	Sente	Ouvre	Tienne
que tu finisses	sentes	ouvres	tiennes
qu'il finisse	sente	ouvre	tienne
que nous finissions	sentions	ouvrions	tenions
que vous finissiez	sentiez	ouvriez	teniez
qu'ils finissent.	sentent.	ouvrent.	tiennent.
Que je finisse	Sentisse	Ouvrisse	Tinsse
que tu finisses	sentisses	ouvrisses	tinsses
qu'il finît	sentît	ouvrît	tînt
que nous finissions	sentissions	ouvrissions	tinssions
que vous finissiez	sentissiez	ouvrissiez	tinssiez
qu'ils finissent.	sentissent.	ouvrissent.	tinssent.

GAISON EN *IR*.

VERBES IRRÉGULIERS ou DÉFECTIFS.

Première Division.

Fleurir (en parlant des sciences, des arts, des états) est irrégulier dans les temps suivants : *l'Empire était* FLORISSANT, *les Lettres* FLORISSAIENT.

Haïr n'est irrégulier dans je *hais*, tu *hais*, il *hait*, que parce que l'*a* et l'*i* forment une syllabe qui se prononce comme un *è* ouvert.

Deuxième Division.

Conjuguez comme *sentir* les verbes *consentir*, *ressentir*, *pressentir*, *mentir*, *démentir*, *dormir*, *endormir*, se *repentir*, *servir*, *desservir*, *sortir*, *partir*, *ressortir* (sortir de nouveau), *repartir* (partir de nouveau); mais *ressortir* (être du ressort), *répartir* (partager), se conjuguent comme *finir*.

Courir, *couru* : je *courus*, je *courrai*, je *courrais*, que je *courre*, que je *courusse*. On conjugue de même *accourir*, *concourir*, *discourir*, *parcourir*, *recourir*, *secourir*. En terme de chasse, on dit *courre*, au lieu de *courir* : *Courre* le lièvre.

Bouillir : Je *bous*, tu *bous*, il *bout*, nous *bouillons*; je *bouillis*, je *bouillirai*; que je *bouille*, que je *bouillisse*.

Fuir, *fuyant*, je *fuis*, nous *fuyons*; je *fuis*, je *fuirai*; *fui*; que je *fuie*, que je *fuisse*.

Mourir, *mort* : je *meurs*, nous *mourons*; je *mourus*, je *mourrai*, je *mourrais*; que je *meure*, que je *mourusse*.

Vêtir, *vêtu*; *revêtir*, *revêtu* : je *revêts*, tu *revêts*, il *revêt*, nous *revêtons*, vous *revêtez*, ils *revêtent* : je *revêtais*, je *revêtis*, je *revêtirai*.

Acquérir, *acquérant*, *acquis* : j'*acquiers*, nous *acquérons*; j'*acquerrai*.

Ouïr, défectif, *ouï* : j'*ouïs*, j'ai *ouï*, que j'*ouïsse*.

Faillir ne s'emploie qu'à ces temps : *failli*, j'ai *failli*, je *faillis*.

Querir n'a que le Présent de l'Infinitif

Troisième Division.

Conjuguez comme *ouvrir* les verbes *découvrir*, *entr'ouvrir*, *rouvrir*, *recouvrir*, *offrir*, *souffrir*.

Cueillir, *cueilli* : je *cueillerai*, je *cueillerais*. Il est régulier dans les autres temps.

Saillir, *saillant* (dans le sens de *déborder*) ne s'emploie guère qu'à ces formes, et celles-ci : Cette corniche *saille*, *saillerait*, *saillera* trop.

Saillir (dans le sens de s'élancer, en parlant des liquides) se conjugue comme *finir*.

Assaillir, *tressaillir*, participe *assailli*, *tressailli*. Le reste comme *ouvrir*.

Quatrième Division.

On conjugue comme *tenir* les verbes *appartenir*, *s'abstenir*, *entretenir*, *détenir*, *maintenir*, *obtenir*, *retenir*, *soutenir*, *venir*, *survenir*, *convenir*; en un mot, tous ceux qui dérivent de *tenir* et de *venir*.

TROISIÈME CONJUGAISON EN -- *OIR.*

RECEVOIR (MODÈLE.) *REC... RADICAL.*

INDICATIF.

PRÉSENT.

Je reçois (1), tu reçois, il reçoit,
Nous recevons, vous recevez,
ils reçoivent (2).

IMPARFAIT.

Je recevais (ou je recevois), tu
recevais, il recevait,
Nous recevions, vous receviez,
ils recevaient.

PARFAIT DÉFINI.

Je reçus, tu reçus, il reçut,
Nous reçûmes, vous reçûtes,
ils reçurent.

PARFAIT INDÉFINI.

J'ai reçu, tu as reçu, il a reçu,
Nous avons reçu, vous avez
reçu, ils ont reçu.

PARFAIT ANTÉRIEUR.

Quand, dès que

J'eus reçu, tu eus reçu, il eut
reçu,
Nous eûmes reçu, vous eûtes
reçu, ils eurent reçu.

PLUS-QUE-PARFAIT.

J'avais reçu, tu avais reçu, il
avait reçu,
Nous avions reçu, vous aviez
reçu, ils avaient reçu.

FUTUR.

Je recevrai, tu recevras, il re-
cevra,
Nous recevrons, vous recevrez,
ils recevront.

FUTUR PASSÉ.

J'aurai reçu. tu auras reçu, il
aura reçu,
Nous aurons reçu, vous aurez
reçu, ils auront reçu.

CONDITIONNEL.

PRÉSENT *ou* FUTUR.

Je recevrais, tu recevrais, il re-
cevrait,
Nous recevrions, vous rece-
vriez, ils recevraient.

PASSÉ.

J'aurais reçu, tu aurais reçu,
il aurait reçu,
Nous aurions reçu, vous auriez
reçu, ils auraient reçu.

Autrement.

J'eusse reçu, tu eusses reçu, il
eût reçu,
Nous eussions reçu, vous eussiez reçu, ils eussent reçu.

IMPÉRATIF.

PRÉSENT.

Point de 1.re pers. au singulier.
Reçois, qu'il reçoive,
Recevons, recevez, qu'ils re-
çoivent.

---

(1) Dans les verbes en *CEVOIR,* comme *percevoir, concevoir, recevoir,* etc.,
on met la cédille sous le *Ç* devant les voyelles *O, U.*

(2) Avec interrogation, l'on écrirait : *Reçois - je ? reçois - tu ? reçoit - il ?*
recevons-nous ? recevez-vous ? reçoivent-ils ?

SUBJONCTIF.

PRÉSENT.

Il faut

Que je reçoive, que tu reçoives, qu'il reçoive,
Que nous recevions, que vous receviez, qu'ils reçoivent.

IMPARFAIT.

Il fallait

Que je reçusse, que tu reçusses, Qu'il reçût,
Que nous reçussions, que vous reçussiez, qu'ils reçussent.

PARFAIT.

Il faut, il faudra

Que j'aie reçu, que tu aies reçu, Qu'il ait reçu,
Que nous ayons reçu, que vous ayez reçu, qu'ils aient reçu.

PLUS-QUE-PARFAIT.

Il fallait, il aurait fallu

Que j'eusse reçu, que tu eusses reçu, qu'il eût reçu,
Que nous eussions reçu, que vous eussiez reçu, qu'ils eussent reçu.

INFINITIF.

PRÉSENT.........Recevoir.
PARFAIT.........Avoir reçu.
PARTICIPE PRÉSENT. Recevant.
PARTICIPE PASSÉ...Reçu, reçue, ayant reçu.

———

Ainsi se conjuguent *devoir, percevoir, concevoir,* etc.

———

RADICAL.................. TERMINAISON.

INDICATIF. PRÉSENT.

Reç....
Perc...
D.....
Aperç.,

Je, tu, il, nous, vous, ils.

ois, ois, oit, evons, evez, oivent.

TROISIÈME CONJU

VERBES IRRÉGULIERS

s'Asseoir.	Voir.	Pourvoir.	Surseoir, ou *sursoir*	Mouvoir.
s'Asseyant	Voyant.	Pourvoyant	. . . .	Mouvant
assis.	vu.	pourvu.	sursis.	mu.
Je m'assieds	Vois.		Sursois	Meus
tu t'assieds	vois		sursois	meus
il s'assied	voit	*de même.*	sursoit	meut
nous nous asseyons	voyons		sursoyons	mouvons
vous vous asseyez	voyez		sursoyez	mouvez
ils s'asseyent.	voient.		sursoient.	meuvent.
Je m'asseyais.	Voyais.	Pourvoyais	Sursoyais.	Mouvais.
nous nous asseyions.	voyions.	pourvoyions.		
Je m'assis	Vis	Pourvus	Sursis.	Mus.
nous nous assîmes.	vînes.	pourvûmes.		
Je m'assiérai *ou* asseyerai.	Verrai.	Pourvoirai.	Surseoirai.	Mouvrai.
Je m'assiérais *ou* asseyerais.	Verrais.	Pourvoirais.	Surseoirais	Mouvrais.
Assieds-toi	vois	Pourvois.	Surseois.	Meus.
qu'il s'asseye	voie			
asseyons-nous	voyons			
asseyez-vous	voyez			
qu'ils s'asseyent.	voient			
Que je m'asseye	voie	Pourvoie.	Surseoie.	Meuve
que tu t'asseyes	voies			meuves
qu'il s'asseye	voie			meuve
que nous nous asseyions	voyions			mouvions
que vous vous asseyiez	voyiez			mouviez
qu'ils s'asseyent.	voient.			meuvent.
Que je m'assisse.	Visse	Pourvusse.	Sursisse.	Musse.
Que nous nous assissions.	vissions.			

GAISON EN -- *OIR*.

OU DÉFECTIFS.

Pourvoir.	Savoir.	Valoir.	Choir.	Déchoir.	Echoir.	Seoir.	Vouloir.
Pouvant	Sachant.	Valant	. . . .	. . . . .	Echéant	. . . . .	Voulant
pu.	Su.	valu.	chu.	déchu.	Echu.	. . . . .	voulu.
Peux *ou* puis	Sais	Vaux	. . . .	Déchois		. . . . .	Veux
peux	sais	vaux		déchois			veux
peut	sait	vaut		déchoit	Echoit.	sied.	vent
pouvons	savons	valons		déchoyons			voulons
pouvez	savez	valez		déchoyez			voulez
peuvent	savent.	valent.		déchoient.			veulent.
Pouvais.	Savais.	Valais.	. . . .	Déchoyais	. . . . .	. . . . .	Voulais.
						seyait.	
Pus.	Sus.	Valus.	. . . .	Déchus.	Echus.	. . . . .	Voulus.
Pourrai.	Saurais,	Vaudrai.	. . . .	Décherrai.	Echerrai.	. . . . .	Voudrai.
						siéra.	
Pourrais.	Saurai.	Vaudrais.	. . . .	Décherrais.	Echerrais.	. . . . .	Voudrais.
						siérait.	
	Sache.	. . . .		. . . . .	. . . . .	. . . . .	. . . . .
							Veuillons
							veuillez
							veuillent.
Puisse.	Sache.	Vaille.	. . . .	Déchoie.	. . . . .	. . . . .	Veuille
					Echée.	siée.	veuilles
							veuille
							voulions
							vouliez
Pusse.	Susse.	Valusse.	. . . .	Déchusse.	échéent. Echusse.	. . . . .	veuillent. Voulusse.

QUATRIÈME CONJUGAISON EN -- *RE*.

RENDRE (MODÈLE.) *REND... RADICAL.*

INDICATIF.

PRÉSENT.

Je rends, tu rends, il rend,
Nous rendons, vous rendez, ils
   rendent.

IMPARFAIT.

Je rendais *ou* je rendois, tu
   rendais, il rendait,
Nous rendions, vous rendiez,
   ils rendaient.

PARFAIT DÉFINI.

Je rendis, tu rendis, il rendit,
Nous rendîmes, vous rendîtes,
   ils rendirent.

PARFAIT INDÉFINI.

J'ai rendu, tu as rendu, il a
   rendu,
Nous avons rendu, vous avez
   rendu, ils ont rendu.

PARFAIT ANTÉRIEUR.

Quand, dès que

J'eus rendu, tu eus rendu, il
   eut rendu,
Nous eûmes rendu, vous eûtes
   rendu, ils eurent rendu.

PLUS-QUE-PARFAIT.

J'avais rendu, tu avais rendu,
   il avait rendu,
Nous avions rendu, vous aviez
   rendu, ils avaient rendu.

FUTUR.

Je rendrai (1), tu rendras, il
   rendra,
Nous rendrons, vous rendrez,
   ils rendront.

FUTUR PASSÉ.

Quand, dès que

J'aurai rendu, tu auras rendu,
   il aura rendu,
Nous aurons rendu, vous aurez
   rendu, ils auront rendu.

CONDITIONNEL.

PRÉSENT *ou* FUTUR.

Je rendrais, tu rendrais, il
   rendrait,
Nous rendrions, vous rendriez,
   ils rendraient.

PASSÉ.

J'aurais rendu, tu aurais rendu,
   il aurait rendu,
Nous aurions rendu, vous auriez rendu, ils auraient
   rendu.

Autrement.

J'eusse rendu, tu eusses rendu,
   il eût rendu,
Nous eussions rendu, vous
   eussiez rendu, ils eussent
   rendu.

---

(1) Le futur se forme du présent de l'indicatif en changeant *re* en *rai*: RENDRE, RENDRAI, et non pas *renderai.*

IMPÉRATIF.

PRÉSENT *ou* FUTUR.

Point de 1.ʳᵉ pers. au singulier.

Rends, qu'il rende ,
Rendons, rendez, qu'ils rendent.

SUBJONCTIF.

PRÉSENT.

Il faut

Que je rende, que tu rendes,
  qu'il rende,
Que nous rendions, que vous
  rendiez, qu'ils rendent.

IMPARFAIT.

Il fallait

Que je rendisse, que tu ren-
  disses, qu'il rendît,
Que nous rendissions, que
  vous rendissiez, qu'ils ren-
  dissent.

PARFAIT.

il faudra

Que j'aie rendu, que tu aies
  rendu, qu'il ait rendu,

Que nous ayons rendu, que
  vous ayez rendu, qu'ils aient
  rendu.

PLUS-QUE-PARFAIT.

Il aurait fallu

Que j'eusse rendu, que tu eusses
  rendu, qu'il eût rendu,
Que nous eussions rendu, que
  vous eussiez rendu, qu'ils
  eussent rendu.

INFINITIF.

PRÉSENT..... Rendre.
PARFAIT..... Avoir rendu.
PARTIC. PRÉS.. Rendant.
PART. PASSÉ... Rendue, rendue,
          ayant rendu.

———————

Ainsi se conjuguent *entendre,
vendre, défendre, surprendre,
répondre , répandre,* etc.

REMARQUE. — A l'aide des quatre modèles , et des quatre tableaux (1) des verbes irréguliers , on peut conjuguer tous les verbes de la langue française.

————————————————

(1) *Grammaire raisonnée.*

QUATRIÈME CONJU

1.ᵗᵉ DIVISION.	2.ᵉ DIVISION.	3.ᵉ DIVISION.	4.ᵉ DIVISION.	5.ᵉ DIVISION.
Rendre.	*Plaire.*	*Paraître.*	*Réduire.*	*Craindre.*
Rendant	Plaisant	Paraissant	Réduisant	Craignant
rendu.	plu.	paru.	réduit.	craint.
Je rends	Plais	Parais	Réduis	Crains
nous rendons.	plaisons.	paraissons.	réduisons.	craignons.
Je rendais	Plaisais	Paraissais	Réduisais	Craignais
nous rendions.	plaisions.	paraissions.	réduisions.	craignions.
Je rendis	Plus	Parus	Réduis	Craignis
nous rendîmes.	plûmes.	parûmes.	réduisîmes.	craignîmes.
Je rendrai	Plairai	Paraîtrai	Réduirai	Craindrai
nous rendrons.	plairons.	paraîtrons.	réduirons.	craindrons.
Je rendrais	Plairais	Paraîtrais.	Réduirais	Craindrais
nous rendrions.	plairions.	paraîtrions.	réduirions.	craindrions.
Rends	Plais	Parais	Réduis	Crains
qu'il rende	plaise	paraisse	réduise	craigne
rendons.	plaisions.	paraissions	réduisons.	craignons.
Que je rende	Plaise	Paraisse	Réduise	Craigne
que nous rendions.	plaisions.	paraissions.	réduisions	craignions.
Que je rendisse	Plusse	Parusse	Réduisisse	Craignisse
que n. rendissions.	plussions.	parussions.	réduisissions.	craignissions.

GAISON EN *RE.*

VERBES IRRÉGULIERS ou DÉFECTIFS.

Première Division.

On conjugue comme *rendre* tous les verbes en *dre*, *pre*, *cre*, *tre*, *vre.*
Les irréguliers sont :

Prendre et ses composés : *prenant*, *pris*; *je prends*, nous *prenons*;
je prenais, je *pris*, que je *prenne*, que je *prisse.*

Absoudre, *dissoudre* ; *absolvant*, *absous*; *j'absous*, nous *absolvons*;
j'absolvais, *j'absoudrai*, que *j'absolve.*

Coudre et ses composés : *cousant*, *cousu*; *je couds*, nous *cousons*; *je
cousais*, je *cousis*, que je *couse*, que je *cousisse.*

Moudre et ses composés : *moulant*, *moulu*; *je mouds*, nous *moulons*;
je moulais, que je *moule*, que je *moulusse.*

Mettre et ses composés : *mettant*, *mis*; *je mets*, je *mis*, que je
mette, que je *misse.*

Vivre, *revivre*, *survivre* : *vivant*, *vécu*; *je vis*, nous *vivons*; *je
vivrais*, je *vécus*, *j'ai vécu*, que je *vécusse.*

Vaincre, *vaincant*, *vaincu*. (Je *vaincs*, tu *vaincs*, il *vainc*, peu
usités), nous *vainquons*, etc. Je *vainquais*, je *vainquis*, je *vaincrai*,
que je *vainque*, que je *vainquisse.*

Deuxième Division.

Les verbes en *aire* se conjuguent comme *plaire*. Il faut excepter
faire, dont la conjugaison est à la fin de ce tableau.

Traire est irrégulier et défectif. *Trait*, *trayant*, je *trais*, nous *trayons*,
je *trayais*, je *trairai*, que je *traie*. Il ne s'emploie ni au passé défini,
ni à l'imparfait du subjonctif. Ainsi se conjuguent *soustraire*, etc.

Braire, il *brait*, ils *braient*; il *braira*, ils *brairont*. Ce verbe n'est
en usage qu'à ces formes.

Troisième Division.

Tous les verbes en *aître* se conjuguent comme *paraître*, excepté
naître, qui a deux formes irrégulières : *né*, au participe passé; je
naquis, au passé défini.

Paître est défectif; il manque des temps simples : je *fis*, que je
fisse; et il ne s'emploie aux temps composés que dans cette phrase
du discours familier : il a *pu* et *repu.*

Quatrième Division.

On conjugue comme *réduire* tous les verbes en *ire*. Voici ceux qui
sont irréguliers; les formes dont on ne parlera pas sont régulières.

Circoncire, *circoncis*. Je *circoncis*, au passé défini.

Dire et *redire*; vous *dites* et *redites*. Je *dis*, je *redis*, au passé défini ;
que je *disse*, que je *redisse.*

Dédire, *contredire*, *interdire*, *médire*, *prédire*, font au présent de
l'indicatif : vous *dédisez*, vous *contredisez*, etc. *Maudire* fait *maudissant*,
au participe actif; *maudissons*, *Maudissez*, *maudissent*, au présent de
l'indicatif. Dans tout le reste, ces verbes se conjuguent comme *dire.*

Confire, suffire, font au passé défini : je *confis*, je *suffis*; et à l'imparfait du subjonctif : que je *confisse*, que je *suffisse*; participe passé, *suffi*.

Lire, élire, relire: *lu*, je *lus*, que je *lusse*.

Rire, sourire: *riant*, *ri*, nous *rions*, vous *riez*, ils *rient*. Je *ris*, au passé défini.

Ecrire, circonscrire, décrire : *écrivant*, nous *écrivons*, j'*écrivis*, que j'*écrivisse*.

Frire, *frit*, je *frirai*, impératif, *fris*. Dans les autres formes, on emploie le verbe *faire* devant l'infinitif *frire*.

Tous les verbes en *uire* se conjuguent comme *réduire*, excepté *bruire*, qui est irrégulier et défectif : *bruyant*, il *bruyait*, ils *bruyaient*. Il faut encore excepter *luire*, *reluire*, *nuire*, qui sont irréguliers au participe passé; ils font *lui*, *relui*, *nui*, sans *t*.

On rapporte à cette conjugaison *boire*, *croire*, *clorre*, *conclure*, et leurs composés.

Boire, *buvant*, *bu*; je *bois*, nous *buvons*, tu *buvais*, je *bus*, je *boirai*, je *boirais*, que je *busse*.

Croire, *croyant*, *cru*; je *crois*, je *croyais*, nous *croyions*, je *crus*, je *croirai*, que je *croie*, que je *crusse*. *Accroire* n'a que l'infinitif.

Clorre; je *clos*, tu *clos*, il *clôt*, sans pluriel; je *clorrai*, je *clorrais*; *clos*. Les autres formes manquent.

Eclore; il *éclot*, ils *éclosent*; il *éclorra*, ils *éclorront*; il *éclorrait*, ils *éclorraient*; qu'il *éclose*, qu'ils *éclosent*.

Conclure, *concluant*, *conclu*; je *conclus*, nous *concluons*; je *concluais*, nous *concluions*; je *conclus*, nous *conclûmes*; je *conclurai*, je *conclurais*, que je *conclue*, que je *conclusse*.

Cinquième Division.

Tous les verbes en *aindre*, *eindre*, *oindre*, se conjuguent comme *craindre*.

FAIRE, VERBE ACTIF ET IRRÉGULIER.

Je fais, tu fais, il fait; nous faisons, vous faites, ils font. — Je faisais *ou* faisois; nous faisions. — Je fis; nous fîmes. — Je ferai; nous ferons. — Je ferais *ou* je ferois; nous ferions. — Fais, faisons, faites. — Que je fasse; que nous fassions. — Que je fisse; que nous fissions. — Faire; faisant, fait, faite.

VERBES PASSIFS (1).

Le verbe *passif* est celui dont le sujet *souffre* ou reçoit l'action exprimée par le verbe.

(1) Le verbe passif n'est réellement qu'un participe qu'on ajoute au verbe *être*, et qui prend les deux genres et les deux nombres comme l'adjectif.

Le verbe actif présente le sujet comme faisant une action qui se porte sur un autre objet : *Dieu récompense les bons, et punit les méchants.*

Le verbe passif présente le sujet comme *recevant* l'action faite par un autre : « *Les bons sont récompensés, et les méchants punis de Dieu.* »

Ainsi le *régime* direct du verbe actif devient le *sujet* du verbe passif.

Il n'y a qu'une seule conjugaison pour tous les verbes passifs : elle se fait avec l'auxiliaire *être* et le participe passé du verbe que l'on veut conjuguer.

Ce participe doit prendre le même genre et le même nombre que le sujet du verbe *être.*

CONJUGAISON DES VERBES PASSIFS.
ÊTRE AIMÉ (MODÈLE.)

INDICATIF.

PRESENT.

Je suis aimé ou aimée.
Tu es aimé *ou* aimée.
Il est aimé *ou* elle est aimée.
Nous sommes aimés *ou* aimées.
Vous êtes aimés *ou* aimées.
Ils sont aimés *ou* elles sont aimées.

IMPARFAIT.

J'étais aimé *ou* aimée.
Tu étais aimé *ou* aimée.
Il était aimé *ou* elle était aimée.
Nous étions aimés *ou* aimées.
Vous étiez aimés *ou* aimées.
Vous étiez aimé *ou* aimées.
Ils étaient aimés *ou* elles étaient aimées.

PARFAIT DEFINI.

Je fus aimé *ou* aimée.
Tu fus aimé *ou* aimée.

Il fut aimé *ou* elle fut aimée.
Nous fûmes aimés *ou* aimées.
Ils furent aimés *ou* elles furent aimées.

PARFAIT INDÉFINI.

J'ai été aimé *ou* aimée.
Tu as été aimé *ou* aimée.
Il a été aimé *ou* elle a été aimée.
Nous avons été aimés *ou* aimées.
Vous avez été aimés *ou* aimées.
Ils ont été aimés *ou* elles ont été aimées.

PARFAIT ANTERIEUR.

J'eus été aimé *ou* aimée.
Tu eus été aimé *ou* aimée.
Il eut été aimé *ou* elle eut été aimée.
Nous eûmes été aimés *ou* aimées.
Vous eûtes été aimés *ou* aimées.
Ils eurent été aimés *ou* elles eurent été aimées.

PLUS-QUE-PARFAIT.

J'avais été aimé *ou* aimée.
Tu avais été aimé *ou* aimée.
Il avait été aimé *ou* elle avait
été aimée.
Nous avons été aimés *ou* aimées.
Vous aviez été aimés *ou* aimées.
Ils avaient été aimés *ou* elles
avaient été aimées.

FUTUR.

Je serai aimé *ou* aimée.
Tu seras aimé *ou* aimée.
Il sera aimé *ou* elle sera aimée.
Nous serons aimés *ou* aimées.
Vous serez aimés *ou* aimées.
Ils seront aimés *ou* elles seront
aimées.

FUTUR PASSÉ.

J'aurai été aimé *ou* aimée.
Tu auras été aimé *ou* aimée.
Il aura été aimé *ou* elle aura été
aimée.
Nous aurons été aimés *ou*
aimées.
Vous aurez été aimés *ou* aimées.
Ils auront été aimés *ou* elles
auront été aimées.

CONDITIONNEL.

PRÉSENT.

Je serais aimé *ou* aimée.
Tu serais aimé *ou* aimée.
Il serait aimé *ou* elle serait aimée.
Nous serions aimés *ou* aimées.
Vous seriez aimés *ou* aimées.
Il seraient aimés *ou* elles se-
raient aimées.

PASSÉ.

J'aurais été aimé *ou* aimée.
Tu aurais été aimé *ou* aimée.
Il aurait été aimé *ou* elle aurait
été aimée.

Nous aurions été aimés *ou*
aimées.
Vous auriez été aimés *ou* aimées.
Ils auraient été aimés *ou* elles
auraient été aimées.

Autrement.

J'eusse été aimé *ou* aimée, etc.

IMPÉRATIF.

Point de 1.re *pers. au singulier.*
Sois aimé *ou* aimée.
Qu'il soit aimé *ou* qu'elle soit
aimée.
Soyons aimés *ou* aimées.
Soyez aimés *ou* aimées.
Qu'ils soient aimés *ou* qu'elles
soient aimées.

SUBJONCTIF.

PRÉSENT *ou* FUTUR.

Il faut

Que je sois aimé *ou* aimée.
Que tu sois aimé *ou* aimée.
Qu'il soit aimé *ou* qu'elle soit
aimée.
Que nous soyons aimés *ou*
aimées.
Que vous soyez aimés *ou* aimées.
Qu'ils soient aimés *ou* qu'elles
soient aimées.

IMPARFAIT.

Il fallait

Que je fusse aimé *ou* aimée.
Que tu fusses aimé *ou* aimée.
Qu'il fût aimé *ou* qu'elle fût
aimée.
Que nous fussions aimés *ou*
aimées.
Que vous fussiez aimé *ou*
aimées.
Qu'ils fussent aimés *ou* qu'elles
fussent aimées.

PARFAIT.

Il faut

Que j'aie été aimé *ou* aimée.
Que tu aies été aimé *ou* aimée.
Qu'il ait été aimé *ou* qu'elle ait été aimée.

PLUS-QUE-PARFAIT.

Il eût fallu

Que j'eusse été aimé *ou* aimée.
Que tu eusses été aimé *ou* aimée.
Qu'il eût été aimé *ou* qu'elle eût été aimeé.
Que nous eussions été aimés *ou* aimées.

Que vous eussiez été aimés *ou* aimées.
Qu'ils eussent été aimés ou qu'elles eussent été aimées.

INFINITIF.

PRESENT.

Être aimé *ou* aimée.

PARFAIT.

Avoir été aimé *ou* aimée.

PARTICIPES.

PRÉSENT.

Etant aimé *ou* aimée.

PASSÉ.

Ayant été aimé *ou* aimée.

VERBES NEUTRES (1).

Le verbe *neutre* est celui après lequel on ne peut pas mettre immédiatement les mots *quelqu'un* ou *quelque chose*, c'est-à-dire, celui qui n'a point de *régime direct*. Ainsi, *dormir, marcher, venir, tomber, languir*, etc., sont des verbes neutres.

La plupart (2) se conjuguent avec l'auxiliaire *avoir*; et alors leur participe passé est *invariable*, c'est-à-dire, ne prend ni genre ni nombre : -- *J'ai* DORMI, *nous avons* DORMI. Les verbes *aimer, finir, recevoir, rendre*, servent de modèles pour ces verbes comme pour les verbes actifs.

Les verbes neutres qui, dans leurs tems composés, se conjuguent avec l'auxiliaire *être*, comme *arriver, aller, accourir, naître, mourir, partir*, etc., prennent au participe le genre et le nombre du *sujet*.

---

(1) Verbe *neutre*, c'est-à-dire, qui n'est ni actif ni passif.

(2) Il y a, dans notre langue, à-peu-près 600 verbes neutres ; environ 500 se conjuguent avec l'auxiliaire *avoir*.

CONJUGAISON DES VERBES NEUTRES AVEC LE VERBE *ÉTRE*.

ARRIVER (MODÈLE.)

Ce verbe, dans les tems simples, se conjugue comme *aimer* ; ainsi, il suffira de donner la 1.re personne.

INDICATIF.

PRÉSENT......... J'arrive.
IMPARFAIT .... J'arrivais.
PARFAIT DÉFINI... J'arrivai.

PARFAIT INDÉFINI.

Je suis arrivé, ée.
Tu es arrivé, ée.
Il est arrivé, elle est arrivée.
Nous sommes arrivés, ées.
Vous êtes arrivés, ées
Ils sont arrivés, elles sont arrivées.

PARFAIT ANTERIEUR.

Je fus arrivé, ée.
Tu fus arrivé, ée, etc.

(*Voyez la conjugaison du verbe ÉTRE.*)

PLUS-QUE-PARFAIT.

J'étais arrivé, ée.
Tu étais arrivé, ée, etc.

FUTUR............J'arriverai.

FUTUR PASSE.

Je serai arrivé, ée.
Tu seras arrivé, ée, etc.

CONDITIONNEL.

PRÉSENT...... J'arriverais.

PASSÉ.

Je serais arrivé, ée.
Tu serais arrivé, ée, etc.

Autrement.

Je fusse arrivé, ée.
Tu fusses arrivé, ée, etc.

IMPÉRATIF.

PRÉSENT *ou* FUTUR.. Arrive.

SUBJONCTIF.

PRÉSENT...... Que j'arrive.
IMPARFAIT.... Que j'arrivasse.

PARFAIT.

Que je sois arrivé, ée.
Que tu sois arrivé, ée, etc.

PLUS-QUE-PARFAIT.

Que je fusse arrivé, ée.
Que tu fusses arrivé, ée, etc.

INFINITIF.

PRÉSENT......Arriver.
PARFAIT......Être arrivé, ée.
PART. PRÉSENT..Arrivant.
PART. PASSÉ....Arrivé, ée, étant arrivé, ée.

VERBES RÉFLÉCHIS , RÉCIPROQUES , PRONOMINAUX.

Ces verbes se conjuguent avec deux pronoms ou un nom et un pronom de la même personne. Voilà ce qu'ils ont de commun ; et voici ce qui les distingue les uns des autres.

1.º Le verbe *réfléchi* exprime une action qui retombe sur le sujet, c'est-à-dire, sur la personne ou la chose qui la fait.

Je blesse, est un verbe simplement *actif*: *Je me blesse* est un verbe *actif-réfléchi*. *Je*, sujet qui fait l'action ; *me*, régime qui la reçoit, désignent une seule et même personne.

» *L'homme de bien* SE *cherche*, *et le méchant* SE FUIT.

2.º Le verbe *réciproque* exprime une action qui passe d'un sujet à un autre : ces sujets agissent respectivement l'un sur l'autre, et de la même manière.

Il faut que deux frères s'aiment, et soient prêts à s'entr'aider dans toutes les circonstances.

3.º Le verbe *pronominal* est celui qui se conjugue nécessairement avec deux pronoms , ou un nom et un pronom de la même personne.

JE ME souviens , TU T'empresses , NOUS NOUS emparons, VOUS VOUS abstenez, ILS s'évanouissent.

On ne peut pas dire: *Je souviens, tu empresses, nous emparons.* etc.

Quoiqu'après ces verbes, on ne puisse pas mettre *quelqu'un , quelque chose*, ils sont néanmoins regardés comme verbes *actifs* ; et le second pronom est leur régime direct.

Nous nous sommes souvenus. Ils se sont évanouis.

4.° Les *pronominaux* *PASSIFS* sont ceux qui , conjugués comme *actifs*, ont cependant la signification passive.

Cette maison S'EST vendue fort cher.

Le sens est : cette maison A ÉTÉ vendue.
Ces bruits SE SONT confirmés, c'est-à-dire, *ONT ÉTÉ confirmés.*

OBSERVATION. — Dans les tems composés des verbes réfléchis ou réciproques, l'usage, pour adoucir la prononciation, substitue le verbe *être* au verbe *avoir*, dont il conserve le sens : *Je me suis porté* se dit pour *je M'AI porté* (j'ai porté moi).

Mais dans les *pronominaux*, l'auxiliaire *être* ne peut jamais se remplacer par l'auxiliaire *avoir*, dont il n'a point la signification.

Cette maison S'EST vendue fort cher ; la raison ne permet pas de dire : *Cette maison a vendu elle.*

Conjugaison des verbes réfléchis.

SE PORTER. (MODÈLE.)

INDICATIF.

PRÉSENT..... Je me porte, etc.
(*comme le verbe* AIMER.)
IMPARFAIT ...Je me portais, etc.
PARF. DÉFINI. Je me portai, etc.

Il s'est porté , elle s'est portée.
Nous nous sommes portés , ées.
Vous vous êtes portés , ées.
Ils se sont portés , elles se sont portées.

PARFAIT INDÉFINI.

Je me suis porté , ée (pour *je m'ai porté.*)
Tu t'es porté, ée.

PARFAIT ANTÉRIEUR.

Je me fus porté, ée (pour *je m'eus portée , ée.*)
Tu te fus porté, ée , *etc.*

PLUS-QUE-PARFAIT.

Je m'étais porté, ée (pour *je
m'avais porté*, ée.)
Tu t'étais porté, ée, etc.
FUTUR..... Je me porterai.

FUTUR PASSÉ.

Je me serai porté, ée (pour *je
m'aurai porté*, ée.)
Tu te seras porté, ée, etc.

CONDITIONNEL.

PRÉSENT, ... Je me porterai.

PASSÉ.

Je me serais porté, ée (pour
je m'aurais porté, ée.)
Tu te serais porté, ée, etc.

Autrement.

Je me fusse porté, ée.
Tu te fusses porté, ée, etc.

IMPÉRATIF.

PRÉSENT *ou* FUTUR,

Porte-toi, qu'il *ou* qu'elle se
porte, portons-nous, portez-
vous, qu'ils *ou* qu'elles se
portent.

SUBJONCTIF.

PRÉSENT...Que je me porte.
IMPARFAIT..Que je me portasse.

PARFAIT.

Il a fallu

Que je me sois porté, ée (pour
que je m'aie porté.)
Que tu te sois porté, ée, etc.

PLUS-QUE-PARFAIT.

Il eût fallu

Que je me fusse porté, ée (pour
que je m'eusse porté.)
Que tu te fusses porté, ée, etc.

INFINITIF.

PRÉSENT .....Se porter.
PARFAIT.......S'être porté, ée.
PART. PRÉSENT. Se portant.
PART. PASSÉ...S'étant porté, ée.

Ainsi se conjuguent *se blesser,
se promener, s'habiller, se
lever*, etc., et dans les temps
composés seulement, *se divertir,
se rendre, se perdre, se souvenir,
se prévaloir*, etc.

VERBES IMPERSONNELS.

On appelle verbe *Impersonnel* celui qui ne s'emploie qu'à la troisième personne du singulier ; comme *il faut*, *il pleut*, *il neige*, *il y a*, etc.

Certains verbes, qui peuvent être employés dans toutes les personnes, deviennent impersonnels, quand à la place du pronom *il*, on ne peut pas mettre un nom substantif ; comme *il arrive que*, *il semble* que, *il convient* que, *il est juste* que, *il est dit*, etc.

« *Nous tenons tout de Dieu* : IL CONVIENT *que nous lui rapportions toutes nos actions.* »

FALLOIR.	PLEUVOIR.
Il faut, il fallait, il fallut, il a fallu, il eût fallu, il avait fallu, il faudra, il aura fallu.	Il pleut, il pleuvait, il a plu, il eût plu, il avait plu, il pleuvra, il aura plu.
Il faudrait, il aurait ou il eût fallu.	Il pleuvrait, il aurait ou il eût plu.

(*Point d'impératif.*)

Qu'il faille, qu'il fallût, qu'il ait fallu, qu'il eût fallu.	Qu'il pleuve. qu'il plût, qu'il ait plu, qu'il eût plu.
FALLOIR. Fallu, ayant fallu.	PLEUVOIR. ... Pleuvant, plu, ayant plu.

REMARQUE. Le tour impersonnel plaît par sa généralité, et contribue quelquefois à la liaison des idées. — Au lieu de dire : *Des nouvelles se débitent* auxquelles je ne puis ajouter foi ; on dit mieux par l'impersonnel *Il se débite des nouvelles que je ne puis croire.*

DE LA FORMATION DES TEMPS.

Parmi les temps simples, il y en a cinq que l'on nomme *primitifs*, parce qu'ils servent à former les autres temps simples.

Ces temps primitifs sont :

A L'INFINITIF..... { Le présent. / Le participe présent. / Le participe passé.

ET A L'INDICATIF.. { Le présent. / Le parfait indéfini.

TABLEAU des Temps primitifs des quatre Conjugaisons.

	PRÉSENT de l'infinitif.	PRÉSENT de l'indicatif.	PARFAIT défini.	PARTICIP présent.	PARTICIP passé.
1.re Conj.	Aimer.	J'aime.	J'aimai.	Aimant.	Aimé.
2.e Conjug.	Finir.	Je finis.	Je finis.	Finissant.	Fini.
	Sentir.	Je sens.	Je sentis.	Sentant.	Senti.
	Ouvrir.	J'ouvre.	J'ouvris.	Ouvrant.	Ouvert.
	Tenir.	Je tiens.	Je tins.	Tenant.	Tenu.
3.e Conjug.	Recevoir.	Je reçois.	Je reçus.	Recevant.	Reçu.
4.me Conj.	Rendre.	Je rends.	Je rendis.	Rendant.	Rendu.
	Plaire.	Je plais.	Je plus.	Plaisant.	Plu.
	Paraître.	Je parais.	Je parus.	Paraissant.	Paru.
	Réduire.	Je réduis.	Je réduisis.	Réduisant.	Réduit.
	Craindre.	Je crains.	Je craignis.	Craignant.	Craint.

FORMATION DES TEMPS SIMPLES.

PRÉSENT DE L'INFINITIF.

Du *présent de l'infinitif* se forme le *futur* de *l'indicatif*,

1.º Dans les deux premières conjugaisons, en ajoutant *ai* à la terminaison de l'infinitif *er*, *ir* : *aimer*, *aimer*AI ; *finir*, *finir*AI.

2.º Dans la troisième conjugaison, en changeant *oir* en *rai* : *Recev*OIR, *recev*RAI ; *concev*OIR, *concev*RAI.

3.º Dans la quatrième conjugaison, en changeant *re* en *rai* : *Rend*RE , *rendr*AI ; *plai*RE , *plair*AI ; *rédui*RE , *réduir*AI.

EXCEPTIONS.

Aller , *j'irai.*—Envoyer, *j'enverrai.*—Courir, *je courrai.*-Cueillir,*je cueillerai.*-Acquérir,*j'acquerrai.* —Mourir, *je mourrai.*—Tenir, *je tiendrai.*—Falloir, *il faudra.* —Pleuvoir , *il pleuvra.* — Pouvoir, *je pourrai.*—Savoir, *je saurai.* - Voir, *je verrai.*— S'asseoir , *je m'asseyerai* — Vouloir, *je voudrai,* (Voyez les tableaux des verbes irréguliers).

Au futur de l'indicatif ajoutez *s*, vous aurez le conditionnel présent : *J'aimerai, j'aimerais ; je finirai , je finirais ; je recevrai, je recevrais ; je rendrai, je rendrais.*

PRÉSENT DE L'INDICATIF.

Du *présent de l'indicatif* se forme l'impératif, en retranchant le pronom *je* : J'aime, imp. *aime* ; je finis, *finis* ; je reçois, *reçois* ; je rends , *rends*.

EXCEPTIONS.

Je suis, imp. *sois* ; j'ai, imp. *aie* ; je vais, *va* ; je sais, *sache*.

PARFAIT DÉFINI.

De la seconde personne du singulier du passé défini, se forme l'imparfait du subjonctif, en ajoutant *se*.

Tu aimas, *aimasse*; tu finis, *finisse*; tu reçus, *reçusse*; tu rendis, *rendisse*.

Tout verbe qui n'a pas de parfait défini, n'a pas d'imparfait du subjonctif.

PARTICIPE PRÉSENT.

Du participe présent se forment,

1.º Les trois personnes plurielles du présent de l'indicatif, en changeant *ant* en *ons*, *ez*, *ent*.

Aimant. — *Aimons, aimez, aiment.* Finissant. — *Finissons, finissez, finissent.* Rendant. — *Rendons, rendez, rendent.* Recevant. — *Recevons, recevez,* (excepté la 3.ᵐᵒ personne *reçoivent.*)

EXCEPTIONS.

Ayant. — *Avons, avez, ont.* Sachant. — *Savons, savez, savent.* Faisant. — *Faisons, faites, font.*

2.º L'imparfait de l'indicatif, en changeant *ant* en *ais* ou *ois*. Aimant, — *aimais*; finissant, *finissais*; recevant, *recevais*; rendant, *rendais*.

EXCEPTIONS. — Ayant, *j'avais*; sachant, *je savais*.

3.º Le présent du subjonctif, en changeant *ant* en *e, es, e, ions, iez, ent.* Que j'aim*e*, tu aim*es*, il aim*e*, nous aim*ions*, vous aim*iez*, ils aiment.

Tout verbe qui n'a point de participe présent, n'a ni imparfait de l'indicatif, ni pluriel au présent de l'indicatif, ni présent du subjonctif.

En général, lorsqu'un temps primitif manque, les dérivés manquent aussi.

FORMATION DES TEMPS COMPOSÉS.

Du *participe passé* se forment tous les temps composés, en joignant à ce participe les temps convenables des auxiliaires *avoir* et *être*.

Parfait indéfini, *j'ai aimé*, — *je suis arrivé*.
Plus-que-parfait, *j'avais aimé*, — *j'étais arrivé*, etc.

ACCORD DU VERBE AVEC LE SUJET.

1.re Règle. — Le verbe doit être de même nombre et de la même personne que son *sujet*, nom ou pronom. (Le sujet est désigné par le chiffre 1.)

O que tes œuvres *sont* belles !

Grand Dieu! quels *sont* tes bienfaits

Que ceux qui te *sont* fidèles ,

Sous ton joug *trouvent* d'attraits !

Ta crainte *inspire* la joie ;...

Elle *assure* notre voie ;

Elle nous *rend* triomphants;

Elle *éclaire* la jeunesse ,

Et *fait* briller la sagesse

Dans les plus faibles enfants.

2.me Règle. — Le verbe qui se rapporte à deux sujets, même au singulier, doit se mettre au pluriel.

L'estime et le respect *sont* de justes tributs

Qu'aux plus fiers ennemis arrachent es vertus.

3.me Règle. — Si les sujets sont de *diverses per-sonnes*, le verbe doit se mettre à la première per-sonne; et s'il n'y en a point, il se met à la *seconde*.

Patrocle et moi , seigneur, nous *irons* vous venger...
Au temps que vous et lui *partîtes* pour l'armée.

REMARQUE.

Les mots que nous avons considérés jusqu'à présent, le *nom*, l'*adjectif*, l'*article*, le *pronom* et *le verbe*, sont tous *variables*, c'est-à-dire susceptibles de genres, de nombres, ou de personnes. Ceux dont nous allons traiter, la *préposition*, l'*adverbe*, la *conjonction* et l'*interjection*, sont tous *invariables*, c'est-à-dire, ne peuvent jamais varier dans leurs formes, leurs terminaisons, et s'écrivent toujours de la même manière.

DE LA PRÉPOSITION (1).

La *préposition* est un mot qui se place entre deux termes qu'elle met en rapport l'un avec l'autre.

Nous allons..... ce premier terme en fait attendre un autre : *Où allons-nous ?*

A.... préposition, qui ne présente qu'un sens vague de *tendance* vers un lieu quelconque. Elle indique qu'il y a un *rapport* à faire, c'est-à-dire, qu'il faut *rapporter* un mot qui manque; alors tout sera clair, parce qu'on apercevra le *rapport* d'un terme à l'autre.

Paris.... Voilà le nom du lieu *où nous allons* : c'est le *second* terme qui *complète* le sens commencé par la préposition *à*, et par le premier terme,

« *Nous allons.... à .... Paris.* »

On appelle *antécédent* le premier terme, celui qui, dans l'ordre analytique des pensées, *précède* la préposition. -- C'est toujours un *nom*, un *adjectif*, un *verbe* ou un *adverbe*.

___

(1) La préposition (*præ positio*) est ainsi nommée, parce qu'il faut la placer *avant* le mot qui donne lieu de l'employer.

Dans la phrase, l'antécédent n'est pas toujours exprimé avant la préposition.

« Du bien qu'on vous a fait soyez *reconnaissant.* »

L'adjectif *reconnaissant* est l'antécédent de la préposition *de.*

On appelle *complément* (ou régime) de la préposition le mot qui en *complete* le sens.

Soyez homme *d'honneur*, et ne trompez personne.

Honneur est le complément de la préposition *de.*

PRINCIPAUX RAPPORTS MARQUÉS

PAR LES PRÉPOSITIONS (1)

Prépositions qui marquent ordinairement

1. LE LIEU, LA SITUATION...... *Chez, dans, parmi, près, proche, vis-à-vis, sous, sur, vers, dessus, dessous, dedans, dehors.* (Ces quatre dernières prépositions s'emploient sans leur complément.)

Ecrivons les injures *sur* le sable, et gravons les bienfaits *dans* nos cœurs.

2. L'ORDRE, LE RANG........ *Avant, après, devant, derrière, entre.*

Avant tout, rends hommage au Créateur suprême.

Après Dieu, de tes jours révère les auteurs.

---

(1) Nous n'entrerons point dans des dissertations métaphysiques sur la nature des rapports qu'*indiquent* les prépositions, et que quelques-unes même *expriment.* Ces rapports sont trop nombreux : la seule préposition A, peut indiquer *l'attribution* (et c'est sa destination principale), la *tendance*, la *position locale*, le *terme*, le *but*, le *temps*, la *distance*, la *mesure*, etc. Les rapports sont presque toujours déterminés par les antécédents.

3. L'union, la société.... *Avec*, *joignant*, *outre*, *selon*, *suivant.*

« Les talents produisent *suivant* la culture. »

4. La séparation, l'exclusion, l'absence... *Sans*, *excepté*, *hors*, *hormis*, *sauf.*

« Tout est perdu, *hors* l'honneur. »

5. Le temps... *Dès*, *depuis*, *pendant*, *durant.*

« La fourmi fait, *pendant* l'été, ses provisions pour l'hiver. »

6. L'opposition, la résistance.... *Contre*, *malgré*, *nonobstant.*

« L'honnête homme ne parle jamais *contre* la vérité. »
« La vertu donne la force de faire le bien, *malgré* les obstacles. »

7. Le but, la tendance (physique ou morale)... *A*, *envers*, *touchant*, *concernant*, *pour.*

« Il faut travailler *à* modérer ses passions. »
« Louis XIV a fait de belles ordonnances *touchant* la justice, le commerce, etc. »

8. L'espèce, la propriété, l'origine.

« Une statue *de* marbre. = La maison *de* votre père. = L'oisiveté est la mère *de* tous les vices.

9. La cause, le moyen... *Par*, *moyennant*, *vu*, *attendu.*

« L'ennui est entré dans le monde *par* la paresse. »

On appelle prépositions *initiales*, celles qui, placées à la tête des verbes et quelquefois d'autres mots, entrent dans leur composition pour en diversifier le sens : c'est une source de richesses pour les langues. Nous en avons emprunté plusieurs du grec et surtout du latin.

Mettre ne signifie que l'action de poser, de placer. Chaque préposition *initiale* exprimera une nuance de cette idée.

Ad-mettre, mettre *auprès* de soi. *Com*-mettre, mettre *avec*, confier. *Dé*-mettre, mettre *hors*, ôter d'une place. *S'entre*-mettre, se mettre *entre* deux. *O*-mettre, mettre ou laisser *hors*, oublier. *Pro*-mettre, mettre *en avant* sa parole. *Re*-mettre, mettre *par réitération*, de nouveau. *Sou*-mettre, mettre *dessous, sous* sa puissance. *Trans*-mettre, mettre ou envoyer *au-delà*.

Souvent même on réunit dans un mot plusieurs prépositions *initiales* : *Re-de*-faire, *re-de*-venir, *re-com*-poser.

OBSERVATION. *A, en, dans*, marquent un rapport de lieu ; mais ils le marquent avec des nuances différentes. Par exemple, *il est A la ville* signifie *il n'est pas A la campagne ; il est EN ville*, c'est-à-dire, *il n'est pas chez lui* ; mais si l'on veut faire entendre qu'il n'est pas sorti de la ville, on dit : *il est DANS la ville.*

DANS s'emploie avec l'article *le, la, les* ; EN s'emploie sans l'article, à moins qu'il ne soit suivi d'une voyelle ou d'une *h* aspirée, comme *en l'honneur, en l'absence, en l'année mil huit cent vingt.*

Lorsqu'ils marquent un rapport de temps, *dans* indique l'époque ; *en*, la durée.

« Ce grand ouvrage sera fini *dans dix ans, en dix ans.* »

Dans dix ans marque l'époque où il sera fini ; *en dix ans* marque combien il faudra de temps pour le finir.

PRÈS et PRÊT. — La préposition *près* pour *sur le point de*, est toujours suivie de la préposition *de*.

Loin de blâmer vos pleurs, je suis *près* de pleurer.

L'adjectif *prêt*, c'est-à-dire, *préparé, disposé*, veut après lui la préposition *à*. Êtes-vous *prêt* à partir ?

Quelquefois deux prépositions se suivent immédiatement ; le complément de la première est alors sous-entendu.

Peut-on ne pas céder *à de* si puissans charmes ?

C'est-à-dire *A L'ATTRAIT DE si puissans charmes.*

TABLEAU DES PRÉPOSITIONS.

A (à).	Depuis.	Pour.
Après.	Derrière.	Près.
Avant.	Dès.	Proche.
Avec.	Devant.	Sans.
Chez.	En.	Selon.
Contre.	Entre.	Sous.
Dans.	Envers.	Sur.
De.	Hors.	Vers,
Dedans.. \	Malgré.	Vis-à-vis.
Dehors.. } S'emploient	Outre.	Voici.
Dessus... } sans	Par.	Voilà.
Dessous. / complément	Parmi.	

PARTICIPES *quelquefois employés* comme PRÉPOSITIONS.

Attendu , vu , attenant, joignant.	Concernant, tou-chant, durant, pen-dant.	Excepté, moyen-nant , nonobstant, suivant.

DE L'ADVERBE.

L'adverbe est un mot qui se joint au verbe, à l'adjectif ou même à d'autres adverbes, pour en déterminer la signification.

Cette personne chante *agréablement*. Ce prince est *très-sage* et *vraiment* roi. Cet homme écrit *plus facilement* qu'il ne parle.

L'adverbe renferme en lui seul la valeur d'une *préposition* suivie de son complément.

DOUCEMENT, équivaut à ces mots... *avec douceur.*

TRÈS. . . . . *à un dégré suprême.*

COMME. . . . . *de la même manière.*

COMMENT. . . . . . . *de quelle manière.*

TANTÔT (répété).. *dans un temps, dans un autre.*

Ces mots et tous ceux qui équivalent à une *préposition* et à son complément, sont des *adverbes*.

On distingue plusieurs sortes d'adverbes.

1. Les adverbes qui marquent le *rang*, l'*ordre*. *premièrement*, *secondement*, *d'abord*, *ensuite*, *auparavant*, *enfin*, etc.

> *D'abord* il s'y prit mal, *puis* un peu mieux, *puis* bien,
> *puis enfin* il n'y manqua rien.

2. Les adverbes de lieu : *où*, *ici*, *là*, *y*, *de-çà*, *au-de-là*, *partout*, *loin*, *auprès*, *ailleurs*, etc.

> La gloire n'est jamais *où* la vertu n'est pas.
> *Où* la discorde règne, apportez-*y* la paix.

3. Les adverbes de temps : *hier*, *aujourd'hui*, *demain*, *autrefois*, *bientôt*, *souvent*, *jamais*, *quand*.

> La fraude est *toujours* basse, et n'est *jamais* utile.

4. Les adverbes de quantité : *beaucoup*, *peu*, *assez*, *trop*, *tant*, *si*, pour *à ce point*, *presque*, etc.

> Le sage écoute *beaucoup*, et parle *peu*.

5. Les adverbes d'affirmation : *Certes*, *vraiment*, *oui*, *volontiers*, *d'accord*....

6. Adverbes de négation · *non*, *ne*, *ne pas*, *ne point*, *nullement*, *point du tout*, *nulle part*.

7. Les adverbes de comparaison : *plus*, *moins*, *aussi*, *autant*, etc. (Voyez ci-après les *dég.* de *comparaison*.)

8. Les adverbes qui marquent la manière : *sagement*, *doucement*, *finement* etc., formés des adjectifs *sage*, *doux*, *fin*, etc. Cette classe est très-nombreuse : voici les règles pour leur formation.

1.ʳᵉ Règle. -- Si l'adjectif masculin est terminé par une voyelle, on forme l'adverbe en y ajoutant *ment* (1).

---

(1) Ce *ment* est le mot latin *mens*, *mentis*, qui peut signifier *ame*, *esprit*, *raison*, *cœur*, *manière*.

(71)

Docile, DOCILEMENT ; *aisé*, AISÉMENT; *joli*, JOLIMENT, etc.

Exceptez *impuni*, qui fait IMPUNÉMENT; *nouveau*, NOUVELLEMENT; *fou*, FOLLEMENT; *mou*, MOLLEMENT.

2.ᵐᵉ RÈGLE -- Les adjectifs en *ant* ou en *ent* forment leurs adverbes en changeant *nt* en *mment*. *Puissant*, PUISSAMMENT; *ardent*, ARDEMMENT.

Exceptez *lent*, LENTEMENT ; *présent*, PRÉSENTEMENT.

3.ᵐᵉ RÈGLE -- Tout autre adjectif, terminé par une consonne au masculin, forme son adverbe en ajoutant *ment* à la terminaison féminine : *généreux*, *généreuse*, *généreusement; fin , fine, finement.*

Quelques-uns changent leur *e* muet en *é* fermé : *commun, commune, communément.*

Expressions adverbiales.

On nomme adverbiales certaines expressions composées d'une préposition et de son complément, que l'usage réunit, telles que *autour, aujourd'hui, auprès, enfin, ensuite*, etc.

On donne encore ce nom à quelques locutions elliptiques (1) où l'adjectif est employé seul avec un verbe. *Parler* BAS, *chanter* JUSTE, *frapper* FORT, *voir* CLAIR, signifient : parler *d'un ton* bas, chanter *d'une voix* juste , frapper *à coup* fort , voir *d'un œil* clair.

DÉGRÉS DE COMPARAISON.

Quelques adverbes , placés devant les adjectifs , servent à exprimer, dans les qualités, des nuances qu'on nomme *dégrés de comparaison* : *dégrés*, parce que l'on monte de l'un à l'autre; *de comparaison*, parce que l'on compare une même qualité dans des objets différents.

---

(1) Lorsqu'il y a quelque mot sous-entendu.

Nous avons en français trois dégrés de comparaison :

1.º Le *positif*, qui exprime la qualité en elle-même , purement et simplement. *Grand* , *sage* , *doux* , sont au positif.

Qu'un ami *véritable* est une *douce* chose !

2.º Le *comparatif*, qui exprime un dégré ou de supériorité, ou d'*égalité*, ou d'*infériorité* : plus *grand*, *si* ou *aussi grand*, *moins* grand.

Le jour n'est pas *plus* pur que le fond de mon cœur.

Trois adjectifs ont par eux-mêmes la valeur du comparatif : *moindre* pour plus *petit ; pire* , pour *plus mauvais* ; *meilleur* , au lieu de *plus bon* , qui ne se dit pas.

Souvent la peur d'un mal nous conduit dans un *pire*.

3.º Le *superlatif*, qui, en ajoutant l'article indicatif à l'adverbe , élève au-dessus de tous les autres , ou abaisse au plus bas dégré : *le plus* grand , *le moins* grand.

Dieux ! j'ai vu des mortels périr *le plus* aimable,
Et j'ose dire encor, Seigneur, *le moins* coupable.

Souvent nous considérons la qualité dans un seul objet ; nous la comparons à une idée , à une sorte de modèle que nous avons dans l'esprit, et qui nous sert de mesure. Ainsi nous disons : il est *très-doux* , *fort* sage , *bien* aimable ; *extrémement* courageux.

Remarquez que quelquefois le *positif* tient lieu de *superlatif* : on dit *le juste* , *le saint*, *le parfait*, pour désigner un homme qui est *juste* , *saint*, *parfait* au plus haut dégré et par excellence. C'est dans ce sens que les Athéniens appelèrent Aristide *le juste*.

Remarque sur l'emploi de quelques adverbes.

Les adverbes PLUS et DAVANTAGE ne s'emploient pas toujours l'un pour l'autre. On met *que* ou *de* après *plus*, mais jamais après *davantage*. Ainsi, au lieu de dire : *Celui qui se fie DAVANTAGE à ses lumières qu'à celles de l'expérience, est un imprudent*, dites : *Celui qui se fie PLUS à*, etc.

« La science est estimable, mais la vertu l'est bien *davantage.* »

Ce mot *davantage* ne doit jamais s'employer pour *le plus*.

« Le mensonge est de tous les vices, celui que je méprise *davantage.* »

On doit dire : *celui que je méprise LE PLUS.*

Lorsqu'*autant* et *mieux* sont suivis de deux infinitifs, le second infinitif doit être précédé de la préposition *de*.

« Souvent il vaut *autant*, il vaut *mieux* se taire que *de* parler. »

VIS-A-VIS ne s'emploie pas bien pour *envers, à l'égard*. Ainsi, au lieu de dire : *Ses torts VIS-A-VIS de vous*, dites : *ses torts ENVERS vous, à votre égard.*

Ici ne se dit que du lieu où l'on est ; lorsque, joint à un nom, il sert à fixer l'attention sur l'objet montré, il perd le premier *i*.

« Venez *ici*. Regardez cet homme-*ci*, cet hôtel-*ci*. »

DONT et D'OÙ.... Ne confondez pas ces deux expressions adverbiales : la première répond à cette question : *de qui* ou *de quoi* ? L'autre qui indique un lieu, un point de départ, répond à la question *d'où.*

« La maison *dont* il est sorti, a produit de grands hommes. »

Dans cette phrase, *maison* signifie *famille*. Le sens porte à faire cette question : *De qui est-il sorti?*

Mais on doit dire : *La maison d'où il est sorti, est d'une belle architecture.*

~~~~~~

LA CONJONCTION.

La *conjonction* est un mot qui sert à *joindre* les phrases les unes aux autres, pour n'en former qu'un seul tout.

Les merveilles du ciel et celles de la terre publient l'existence et la gloire de l'être qui les a tirés du néant, et qui les conserve.

Supprimez de cette phrase les termes *conjonctifs*, décomposez-la, et dites : *Les merveilles du ciel publient l'existence de l'être.... cet être les a tirés du néant; il les conserve aussi. Les merveilles du ciel publient la gloire*, etc., etc. Vous verrez que non-seulement les conjonctions lient les pensées, mais qu'elles abrègent le discours, et nous dispensent d'une infinité de répétitions fastidieuses.

Principales conjonctions françaises: leur destination.

Et... unit les phrases entr'elles, en sorte que ce qu'on affirme de l'une, peut s'affirmer de toutes.

> Le sage est citoyen : il respecte à la fois
> *Et* le trésor des mœurs, *et* le dépôt des lois.

Ni... unit des choses auxquelles on donne également l'exclusion. Cette conjonction ne s'emploie que dans les phrases négatives.

> *Ni* l'or *ni* la grandeur ne nous rendent heureux.

Ou, soit, sinon... unissent des choses sur lesquelles on laisse le choix.

> Quelque sujet qu'on traite, *ou* plaisant, *ou* sublime,
> Que toujours le bon sens s'accorde avec la rime.
~~~~~~

Si... joint deux phrases dont l'une est une condition de l'autre.

> L'homme doit discerner, s'il veut se rendre heureux,
> Du plaisir innocent le plaisir dangereux.

Cette conjonction peut aussi marquer le doute, l'incertitude.

> Je ne sais *si* je dors, je ne sais *si* je veille.

Mais, quoique, cependant... lient des phrases qui expriment des choses opposées ou du moins différentes.

> Mon cœur, pour la sauver, vous ouvrait une voie ;
> *Mais* vous ne demandez, vous ne cherchez que Troie. Rac.

Car, puisque, parce que... lient deux phrases dont l'une est la preuve de l'autre.

> Il ne se faut jamais mocquer des misérables ;
> *Car* qui peut s'assurer d'être toujours heureux ?

Or... lie deux phrases qui tendent à la même fin, au même but.

Donc, ainsi... marquent une conséquence, une conclusion.

> Il faut aimer ce qui nous rend plus parfaits ;
> *Or* les belles-lettres nous rendent plus parfaits :
> *Donc,* il faut aimer les belles-lettres.

Que... joint une phrase à une autre qui en détermine ou en explique le sens.

Ce qui distingue *que*, conjonction, de *que*, pronom relatif, c'est qu'on ne peut le tourner par *lequel, laquelle*, etc.

La Fontaine a dit, en parlant de l'homme sage :

> Il lit au front de ceux *qu'un* vain luxe environne,
> *Que* la fortune vend ce *qu'on* croit *qu'elle* donne.

Dans cet exemple, le premier et le troisième *que* sont pronoms relatifs ; les deux autres sont de simples conjonctions; mais tous les quatre servent à lier les différentes parties de cette phrase.

Quelquefois il s'emploie comme un adverbe exclamatif, pour *combien, à quel point*.

Que celle personne est sage et aimable!

Quelques expressions conjonctives veulent toujours le verbe suivant au subjonctif: *afin que, à moins que, en cas* ou *au cas que, avant que, bien que, encore que, quoique, de peur* ou *de crainte que, jusqu'à ce que, supposé que, pour que, pourvu que, quelque que, quoi que, sans que*, etc. Voyez (*syntaxe du verbe*, 2.ᵉ *partie*) le principe et les règles pour l'emploi du *subjonctif*.

DES INTERJECTIONS.

Les *interjections* sont des exclamations naturelles et rapides qu'arrachent la douleur, la surprise, la joie, le remords, l'admiration, l'effroi, l'indignation, la pitié. Elles sont l'expression de tous les grands mouvemens de l'ame.

Les *interjections* sont en petit nombre, et plus multipliées par le ton dont on les prononce, que par les mots qu'elles forment : voici les principales.

AH ! exprime le remords, la colère, la joie, *etc.*

Ah! que ton impudence excite mon courroux !
Ah ! que je suis heureux de revoir un ami!

AÏE ou AHI ! exprime une douleur subite. *Aïe!* vous me faites mal.

HA.... exprime la surprise. — *Ha, vous voilà.*
EH ! marque la plainte :

Eh! qui n'a pas pleuré quelque perte cruelle ?

HÉ,.... sert principalement à appeler : — *Hé, Petit Jean, Petit Jean !*

Il se joint à *quoi* et à *bien* dans l'interrogation.

> *Hé quoi!* vous n'avez point de passe-temps plus doux?...
> Cher Zacharie, *hé bien!* que nous annoncez-vous?

CHUT! ST! commandent le silence.

O et OH,.. On doit préférer l'*o* simple dans les apostrophes , devant les noms, (qu'en latin on mettrait au *vocatif*); et *oh*, dans les autres cas.

> *O* Dieu , par quelle route inconnue aux mortels,
> Ta sagesse conduit ses desseins éternels !

OH ! je vous tiens. — OH ! le perfide ! — OH ! oh ! je n'y prenais pas garde. — OH ! je m'y connais.

Ho ! marque l'étonnement : Ho ! *que me dites-vous là?*

HO ! HOLA ! servent à appeler. — *HOLA ! quelqu'un !*

> *Holà ! hó ! descendez , que l'on ne vous le dise,*
> *Jeune homme, qui menez laquais à barbe grise.*

HÉLAS! exprime la douleur, la plainte , la commisération.

> *Hélas !* si jeune encore,
> Par quel crime ai-je pu mériter mon malheur?

FI... exprime le dégoût , l'indignation.

> *Fi* du plaisir
> Que la crainte peut corrompre !

DE L'ANALYSE GRAMMATICALE.

L'ANALYSE grammaticale est l'*examen* de tous les mots qui composent une phrase, et des rapports qui les lient les uns aux autres pour l'expression de la pensée.

« La vertu fait le bonheur de l'homme, quoiqu'elle exige »souvent de lui des sacrifices pénibles. »

La..............	Article, fém. sing. se rapporte à *vertu*.
vertu........	Nom com., fém. sing., sujet du verbe *fait*.
fait.........	Verbe actif, 3.e personne sing., présent de l'indicatif.
le............	Article masc. sing. se rapporte à *bonheur*.
bonheur....	Nom com., sing. masc. régime du verbe *fait*.
de	Préposition, dont l'antécédent est *bonheur*.
le............	Article masc. sing. se rapporte à *homme*.
homme	Nom com., masc. sing. complément de la préposition *de*.
quoique....	Conjonction qui unit deux phrases.
elle	Pronom, 3.e personne, fém. sing. sujet du verbe *exige*.
exige.......	3.e personne sing., présent du subjonctif, du v. act. *exiger*.
souvent	Adverbe équivalent à ces mots *dans plusieurs circonstances*.
de	Préposition, dont l'antécédent est le verbe *exige*.
lui.........	Pronom, 3.e personne, sing. masc. complément de la préposition *de*.
des pour *de*	Préposition, dont l'antécédent est sous-entendu ; c'est *un certain nombre*, régime du verbe *exige*.
les.........	Article pluriel, masc. se rapporte à *sacrifices*.
sacrifices...	Nom commun, plur. masc. complément de la préposition *de*.
pénibles....	Adjectif, plur. masc. se rapporte à *sacrifices*.

ANALYSE NUMÉRALE (1).

Avec cinq chiffres, on peut marquer la valeur relative des mots qui composent une phrase. Le *nom*, le *pronom*, le *verbe* à l'infinitif, pouvant être

(1) Méthode simple et ingénieuse, employée à l'Institut des Sourds-Muets, à Paris.

ou *sujets*, ou *régimes* d'un verbe, ou *compléments* d'une préposition, ces divers emplois doivent être distingués par la différence des chiffres.

Les mots elliptiques, tels que *du* pour *de le*, *au* pour *à le*, etc., prennent les chiffres que porteraient les mots auxquels ils équivalent.

Les mots que l'usage permet de sous-entendre, doivent être suppléés par les chiffres, autant que cela est possible.

Le *sujet* porte le chiffre.............. 1.
Le *verbe* .... 2.
Le *régime direct*................... 3.
La *préposition*.................... 4.
Le *complément de la préposition*...... 5.
L'*adverbe* qui équivaut à une préposition
   et à son complément............... 4 et 5.
La *conjonction* .... 0.

L'*adjectif* et l'*article* prennent toujours le même chiffre que le nom auquel ils se rapportent.

EXEMPLE.

LE CHÊNE ET LE ROSEAU, Fable.

<pre>
 1   1   4 5   5   2 45   5
   Le Chêne, un jour, dit au Roseau :
 1   2   45   3   4 5 2 3   3
 «Vous avez bien sujet d'accuser la nature ;
 1   1   4   5   2 1   1   1
 »Un roitelet pour vous est un pesant fardeau.
   1   1   1   1 4   5
       »Le moindre vent qui d'aventure
      2 3 2 3   3   4 5 5
       »Fait rider la face de l'eau,
      3   2   4 5   3 3 3
       »Vous oblige à baisser la tête.
 4   5   0   1   1 45   5   1
 »Cependant que mon front, au Caucase pareil,
   0   1   45   2 3   3   45 5
 »Non content d'arrêter les rayons du soleil,
      2   3 3   4 5   5
       »Brave l'effort de la tempête.
</pre>

  1   1 4 5 2   1   1 1 4 5   2   1
» Tout (*vent*) vous est aquilon; tout (*vent*) me semble zéphyr.

  4 5 0 1   2   4 5 5 45   5
» Encor si vous naissiez à l'abri du feuillage

    4 5 1   2   3   3
» Dont je couvre le voisinage,

    1   2   3 4 5   2
» Vous n'auriez pas tant à souffrir;

   1 3   2   4 5   5
» Je vous défendrais de l'orage.

    0   1   2   4 5 4 5
» Mais vous naissez le plus souvent

 4 5   5   5 45   5   45 5
» Sur les humides bords des royaumes du vent.

  1   1   4   5 4   2   4 5   1
» La nature envers vous me semble bien injuste. »

   1   1   4 5 2   1   1
« Votre compassion, lui répondit l'arbuste,

  2 45 5   5   0 1   2   3   3
» Part d'un bon naturel; mais quittez ce souci :

  1   1 45   2   45 0 4   5   1
» Les vents me sont moins qu'à vous redoutables;

 1 2 0   2   1   2 45 45
Je plie et ne romps pas. Vous avez jusqu'ici

    4   5   5   5
» Contre leurs coups épouvantables

    2   4   5 2 3 3
» Résisté sans courber le dos;

  0 1 2   3   3   4 5 1 2   3   3
» Mais attendons la fin. » Comme il disait ces mots,

 45 5 4 5 5   2   4   5
Du bout de l'horizon accourt avec furie

   1 4 5   1 145   5
Le plus terrible des enfants

 3 1 1   2 3 2 4 5 45 4   5   5
Que le Nord eût portés jusque-là dans ses flancs.

   1   1   2 45 5   1 1   2
L'arbre tient bon, le roseau plie.

   1   1   2   3   3
Le vent redouble ses efforts,

   0 2 45 45 0 1   2
Et fait si bien qu'il déracine

 3   4 5 1   1 45 5   2   1
Celui de qui la tête au ciel était voisine,

 0 4 5 1   1   2   4 5 5   45   5
Et dont les pieds touchaient à l'empire des morts.

Application de l'analyse numérale au latin.

  1   5   1 2   1   4 5

Qualis populeâ mœrens Philomela sub umbrâ

4 5 2   2   5   3   1   1

Amissos queritur fœtus, quos durus arator

  1 2   4 5   3   2   0 1

Observans , nido implumes detraxit ; at illa

2 4 5   4 5 0 1 2 3   3

Flet noctem , ramoque sedens miserabile carmen

2   0 5   4 5 3 4 5   2

Integrat , et mœstis latè loca quœstibus implet.

DE L'ORTHOGRAPHE (1).

L'*orthographe* est l'art d'écrire correctement les mots.

Nous avons vu comment les adjectifs et les articles s'accordent avec les noms, les verbes avec leurs sujets , etc. Nous ne parlerons ici que de quelques *mots* dont l'orthographe paraît embarrassante.

PARTICIPES DU PRÉSENT.

Le participe du présent est toujours terminé en *ant*. Il est *invariable*, c'est-à-dire, il ne prend ni genre ni nombre, quel que soit le nom auquel il se rapporte.

Voyez-vous la tendre rosée *dégouttant* des feuilles ?
Je peindrai les plaisirs *renaissant* en foule. Nous entendîmes les bombes *ÉCLATANT avec un horrible fracas.*

---

(1) Il ne s'agit ici que de l'orthographe fondée sur les règles de la syntaxe, qui est *l'art de donner aux mots les formes et la place convenables dans les discours.* Pour la *place des mots*, voy. la 2.ᵉ partie et la 3.ᵉ

Ces participes peuvent se décomposer par un autre temps du verbe :

La rosée *qui dégoutte*..... Les plaisirs *qui renaissent*..... Les bombes *qui éclataient*.

Il ne faut pas confondre le participe présent avec certains mots, tels que *riant, riante ; obligeant, obligeante*, etc. qui, d'abord participes, sont employés comme de vrais adjectifs, et s'accordent avec les noms auxquels ils se rapportent. Voici les caractères qui distinguent ces deux espèces de mots :

1.º Le participe, toujours verbe, exprime une action, et a ou peut avoir un régime direct ou indirect.

L'adjectif verbal ne peut avoir de régime. Il exprime le caractère, les qualités permanentes, l'état habituel d'une personne ou d'une chose : *des magistrats* PRÉVOYANTS, *une personne* CHARMANTE, *des propos* OBLIGEANTS, *des paysages* RIANTS.

2.º L'adjectif verbal peut être placé avant ou après le nom auquel il se rapporte : *de* PRÉVOYANTS *magistrats ;* une CHARMANTE *personne ,* d'OBLIGEANTS *propos ,* de RIANTS *paysages*.

Le participe ne peut être transposé de cette manière.

3.º L'adjectif verbal se construit bien avec le verbe ÊTRE : *Je suis prévenant, vous êtes charmante, nous sommes obligeants*. Il n'en est pas de même du participe, et l'on ne dirait pas bien : *Je suis* PRÉVENANT *toutes les difficultés ; vous* ÊTES CHARMANTE *votre loisir par la culture des beaux-arts ; nous* SOMMES OBLIGEANTS *tout le monde*.

L'usage veut : JE PRÉVIENS, VOUS CHARMEZ, ILS OBLIGENT.

Ce qu'on appelle *gérondif* n'est autre chose que le participe présent, précédé de la préposition *en*, exprimée ou sous-entendue; il marque une circonstance de l'action, le motif, la manière, le moyen, etc.

En cultivant en paix les arts, la vérité,
Il (*le sage*) ennoblit son être, et sert l'humanité.

PARTICIPE PASSÉ (1).

OBSERVATIONS PRÉLIMINAIRES.

Il est inutile d'étudier les règles du participe passé, si l'on ne reconnaît parfaitement les *sujets* et les *régimes* (pages 22 et 34).

Les mots qui peuvent régulièrement précéder le verbe comme *régimes*, sont les pronoms *me*, *te*, *se*, *nous*, *vous*, *le*, *la*, *les*, *que* pour *lequel*, *laquelle*, etc., *qui*, interrogatif, *que de* ou *combien de*, suivis d'un nom.

Le temps fuit sans retour : crains de le prodiguer.

RÈGLE GÉNÉRALE.

Quand le participe se conjugue avec l'auxiliaire *Avoir*, jamais il ne s'accorde avec le *sujet*.

Nous avons dit qu'il y a cinq sortes de verbes : voyons successivement les règles particulières à chacune. — Cette méthode paraît la plus simple et la plus claire.

---

(1) Le participe est un adjectif-verbal, 1.° dans les verbes passifs; 2.° dans les verbes neutres, conjugués avec l'auxiliaire *être*; 3.° dans les verbes actifs, lorsque le régime du participe est énoncé auparavant. Comme si cette phrase : *les livres que j'ai achetés* ; on la traduisait en latin : libri *quos* habeo *emptos*; au lieu de *quos emi.*)

VERBES ACTIFS.

1.ʳᵉ RÈGLE.—Si le régime du participe est avant, le participe s'accorde en genre et en nombre avec ce régime (*jamais avec le sujet*).

> Toutes les dignités *que* tu m'as *demandées*,
> Je te *les* ai sur l'heure, et sans peine *accordées*.

« *Que* de services ces magistrats, ces guerriers n'ont-ils pas *rendus !*

2.ᵐᵉ RÈGLE.--Si le régime du participe est après, le participe ne s'accorde point.

> Quelle main en un jour t'a ravi tous tes charmes ?
> N'as-tu pas *vu* sa gloire et le trouble d'Achille ?

3.ᵐᵉ RÈGLE. — Si le régime dépend, non du participe, mais d'un verbe qui suit, le participe ne s'accorde point.

(Le régime ne dépend pas du participe, si le sens et la raison ne permettent point de le placer immédiatement après ce participe).

« Ces romances, vous *les* avez *entendu* chanter. »

Le régime *les* ne dépend pas ici du participe, puisque la raison ne permet pas de dire : *Vous avez* ENTENDU CES ROMANCES *chanter*, *qui chantaient.*--Ce régime dépend du verbe *chanter*, après lequel il vient se placer naturellement. « *Vous avez entendu* CHANTER CES ROMANCES.

« Je connaissais les dames *que* nous avons *entendues* chanter. »

Dans ce dernier exemple, le pronom *que* est le régime direct du participe *entendu*, après lequel le sens et la raison permettent de le placer immédiatement. *Nous avons* ENTENDU LESQUELLES DAMES *chanter*, *qui chantaient.* C'est la seconde règle.

« Ne faites rien qui ne soit digne des maximes de vertu
» *que* j'ai *tâché* de vous inspirer. -- Voilà les ennemis *qu'*elle
» a *eus* à combattre, et *que* ni sa prudence, ni sa douceur,
» ni sa fermeté n'avaient *pu* vaincre. -- Entraîné par le

» torrent , il se trouve hors de la route *que* la sagesse
» et la raison lui avaient *fait* tenir jusqu'alors et *qu'il* avait
» *résolu* de suivre. »

Là, les régimes directs dépendent, non des participes, mais des verbes qui suivent. Le sens et la raison ne permettent pas de dire : *J'ai* TACHÉ LES MAXIMES.... *Elles n'avaient* PU LES ENNEMIS... *La sagesse et la raison avaient* FAIT LA ROUTE *tenir*.... *Il avait* RÉSOLU LA *route de suivre*....Mais on dit bien : *Inspirer des maximes de vertu*.... *Vaincre les ennemis*, *tenir* ou *suivre la route*.

Il s'agit donc simplement ici de reconnaître si le participe appartient à la seconde règle.

APPLICATION DE LA

SECONDE RÈGLE.	TROISIÈME RÈGLE.
En parlant	En parlant
De femmes qui peignaient.... *Je les ai* VUES *peindre.*	De femmes qu'on peignait..... *Je les ai* VU *peindre.*
D'acteurs..... *Je les ai* VUS *jouer.*	De tragédies.... *Je les ai* VU *jouer.*
De maîtres de déclamation.... *Je les ai* ENTENDUS *lire.*	De vers... *Je les ai* ENTENDU *lire.*
De maisons.... *Les avez-vous* VUES *tomber ?*	De maisons.... *Les avez vous* VU *construire ?*
D'oiseaux....*On les a* LAISSÉS *mourir.*	D'oiseaux...*Ils se sont* LAISSÉ *prendre.*
De voyageurs.... *Je les ai* VUS *arriver ici.*	De voyageurs.... *Je les ai* VU *conduire ici.*

Quelquefois le verbe qui doit suivre le participe est sous-entendu , comme dans cette phrase : *Il a emporté tous les meubles qu'il a pu.* — On sous-entend *emporter*, et le pronom *que* pour *lesquels meubles* est régime de ce verbe, et non du participe.

« *Ils ont fait toutes les observations, toutes les démarches qu'ils ont pu, qu'ils ont voulu, qu'ils ont dû.* »

Après ces participes , on sous-entend *faire* ; dont les *que* sont régimes.

Le participe *fait*, joint à un infinitif, dans le sens d'*ordonner*, *être cause que*, ne peut jamais avoir de régime direct ; il est donc invariable.

« Ces tableaux , on les a *fait* transporter à Paris. »

VERBES PASSIFS.

Dans les verbes passifs , le participe s'accorde toujours avec le sujet , nom ou pronom auquel il se rapporte. (*Voyez la conjugaison des verbes passifs.*)

I
Quelle aimable pudeur sur leur visage est *peinte !*
Jamais tant de *beauté* fut-elle *couronnée ?*

Dans ces phrases et dans tous les cas semblables , le participe est un véritable adjectif. Souvent même il est exprimé seul , sans le verbe *être*.

Vous cachez des *trésors* par David *amassés* ;
C'est-à-dire , *qui ont été amassés* par David.

Ainsi , que le verbe *être* soit exprimé ou sous-entendu , le participe s'accorde avec le nom qu'il qualifie.

VERBES NEUTRES.

1.re RÈGLE. — Si le participe des verbes neutres se conjugue avec l'auxiliaire *être* , il s'accorde avec le sujet. (*Voyez la conjugaison des verbes neutres.*)

Nous *sommes* enfin *venus* à ce grand Empire romain qui a englouti tous les Empires de l'Univers, d'où *sont sortis* les plus grands Royaumes du monde que nous habitons.
(Boss. , *Hist.re Univ.*)

2.me RÈGLE. — Si le participe se conjugue avec l'auxiliaire *avoir*, il ne s'accorde point.

As-tu vu quelle joie *a paru* dans ses yeux ?

Les affaires dont nous avons *parlé* , avaient *duré* plusieurs jours. — Il faut retrancher de la vie les heures *qu'*on a *dormi*. — On pourrait compter, par les bienfaits de ces hommes vertueux , les jours *qu'*ils ont *vécu*.

Dans ces deux dernières phrases, *que* n'est pas régime. En effet, on ne peut pas dire : *les heures qui ont été dormies.... les jours qui ont été vécus par eux.* La préposition *pendant* est sous-entendue : *les heures pendant lesquelles on a dormi.... les jours pendant lesquels ils ont vécu.*

VERBES RÉFLÉCHIS, RÉCIPROQUES.

Jusqu'à présent nous n'avons parlé que du *régime direct.* Ici, il paraît indispensable de faire connaître le régime *indirect.*

Le *régime indirect* est le mot qui n'a de liaison avec son verbe qu'au moyen d'une préposition.

3

Je voue à votre *fils* une amitié de père.

Fils est le régime indirect que la préposition *à* joint au verbe *vouer.*

3

Ils se sont blessés : dans cette phrase, *se* est régime direct : *ils ont blessé* EUX. Mais si l'on dit : *ils se sont blessé les mains, se* est régime indirect · *ils ont blessé les mains à* EUX.

Le participe des verbes réfléchis ou réciproques, doit suivre quelqu'une des règles précédentes : il suffira de les rappeller ici.

(1.re *Règle, v. act.*) Si le régime direct du participe est avant, le participe s'accorde.

« Ma patrie et ma famille *se* sont *représentées* à mon
» esprit : ma tendresse *s'est réveillée.* L'infortuné Tatia
» voit détruire toutes les illusions de bonheur qu'elle s'était
» *formées.* La gloire de ces bienfaiteurs de l'humanité *s'est*
» *accrue* de jour en jour. Ces deux personnes *se* sont
» *aidées* mutuellement. »

(2.e *Règle, v. actif.*) Si le régime direct du participe est après, le participe ne s'accorde point.

« Souvent cette mère trop tendre s'est *reproché* sa
» faiblesse pour ses enfants. Ces deux frères se sont *fait*
» une donation mutuelle. Ils se sont séparés, après s'être

» *donné* de part et d'autre les marques d'une amitié
» sincère. »

(2.ᵉ *Règle*, *v. neutre*.) Si le participe n'a pas
de régime direct, il ne s'accorde point.

« Les poètes épiques *se* sont *plu* à décrire des batailles.
» Ces personnes s'étaient *imaginé*, s'étaient *persuadé* qu'on
» leur devait plus d'égards qu'aux autres. Les siècles se
» sont *succédé*, et non pas *succédés*; car les siècles ne
» *succèdent* pas *les* siècles; ils succèdent *aux* siècles. »

VERBES PRONOMINAUX.

Dans les verbes *pronominaux*, le participe est
toujours précédé de son *régime* direct, avec lequel
il s'accorde.

« Que d'hommes *se* sont *repentis* d'avoir perdu le temps
» de leur jeunesse! -- La haine, hélas! s'est *emparée* de
» son ame. Ils se sont *moqués* de nous. -- A notre arrivée,
» tous s'étaient *enfuis*. »

Dans les phrases suivantes, les verbes, par la
nature de leur signification, doivent être considérés
comme pronominaux.

« Mes amis s'en sont *allés* sans vous voir. Nous nous
» en étions bien *doutés*. Ils se sont *aperçus* trop tard de
» l'erreur. »

Les verbes *pronominaux-passifs* suivent la règle
des verbes *passifs*, et s'accordent toujours avec
le *sujet*.

« Cette *maison* s'est *vendue* fort cher (*a été vendue*).
» Ces nouvelles s'étaient *répandues* promptement (*avaient
» été répandues*). Ces bruits se sont *confirmés* (*ont été
» confirmés.*) »

    « Jamais la guerre avec tant d'art
    » Ne *s'est faite* parmi les hommes,
    » Non pas même au siècle où nous sommes.» La F.

VERBES IMPERSONNELS.

Les participes des verbes impersonnels sont toujours invariables.

« Quels avantages en *est-il résulté ?* -- Il s'*y est trouvé*
» beaucoup de personnes. -- Il s'*est glissé* des fautes dans cet
» ouvrage. -- Les inondations qu'*il y a eu* cette année. -- Les
» chaleurs et les pluies qu'*il a fait* depuis un mois.

Il y a eu, *il a fait*, ne sont pas ici dans leur signification propre ; ce sont des expressions que l'usage emploie dans le sens des verbes *être, exister*.

Remarque *sur* EN, *placé avant le participe.*

Le pronom adverbial *EN*, qui équivaut à une préposition suivie de son complément, ne peut être *régime direct*, et par conséquent n'exige point l'accord du participe : serait-il même regardé comme régime direct, le participe resterait invariable, puisque cet adverbe *EN* n'a par lui-même ni genre ni nombre.

« On ne doit pas être détourné de faire du bien par la
» crainte de faire des ingrats, ou par le déplaisir *d'en* avoir
» *trouvé*. -- On nous a demandé des livres, et nous *en*
» avons *donné*. -- Louis XIV, dit Boileau, a fait plus
» d'exploits que les autres n'*en* ont *lu*.

Remarque sur LE PEU *placé avant le participe.*

Quand, après *le peu*, le nom substantif est au singulier, le participe est invariable (1).

» *Le peu* d'exactitude qu'il a *montré.* -- *Le peu* d'éducation
» qu'ils ont *reçu*. -- *Le peu* de gloire que cet homme s'est
» *acquis.* »

---

(1) Cette règle paraît trop générale : on pourrait distinguer ici deux cas.
Le peu signifie-t-il une *quantité petite* de la chose exprimée par le nom qui suit, le participe s'accorde avec ce nom.

« *Le peu* d'éducation qu'il *a reçue*, lui suffit pour bien remplir ses fonctions. »

Mais si *le peu* est négatif, s'il fait entendre le *manque*, le *défaut* de la chose exprimée par le nom, le participe reste invariable.

« *Le peu* d'éducation qu'il a *reçu*, le rend incapable de bien remplir ses fonctions.

Mais quand le nom substantif est au pluriel, le participe s'accorde avec ce nom, et non pas avec le *peu*.

« Le peu *d'amis* qu'il a *conservés*. — Le peu de *jours* que
» vous avez *passés* à la campagne. — Le peu *d'égards* qu'ils
» ont *eus*. — Le peu de *leçons* que nous avons *apprises*. »

QUELQUE, TOUT, QUOIQUE, QUOI QUE.

QUELQUE.

Devant un nom, *quelque* est adjectif, et s'accorde en nombre.

> *Quelques* prix glorieux qui me soient proposés,
> Quels lauriers me plairont de son sang arrosés ?

Devant un adjectif, *quelque* est adverbe et invariable.

> *Quelque* brillants que soient les dons de la fortune,
> La vertu les efface ; elle seule a du prix.

Séparé par un verbe du nom auquel il se rapporte, *quelque* forme deux mots : l'adjectif *quel*, *quelle*, et la conjonction *que*.

> *Quels que* soient ses penchants, le sage les surmonte :
> C'est de nous que dépend ou l'honneur ou la honte.

TOUT.

Tout.... s'accorde, lorsqu'adjectif, il se rapporte à un nom.

> *Tous* ces enfans sont pleins d'esprit ;

Ou dans le même sens :

Ces enfants sont *tous* (1) pleins d'esprit. — *Toutes* ces fleurs sont aussi fraîches qu'hier ;

---

(1) *Tous*, c'est-à-dire, sans en excepter aucun.

Ou dans le même sens :

Ces fleurs sont *toutes* aussi fraîches qu'hier. -- *Toute* autre place (ou, *toute* place, autre que celle-là), eût été indigne de lui.

Tout.... employé comme pronom indéfini, est invariable.

> *Tout* meurt, et *tout* renaît : l'automne, tous les ans,
> Fait place au triste hiver, que suit le doux printemps.

Tout.... employé comme adverbe, dans le sens de *tout-à-fait, entièrement, quoique*, est invariable.

Ce sont des enfants *tout* (2) pleins d'esprit. -- Ces fleurs sont *tout* aussi fraîches qu'hier. -- Une *tout* autre place, ou une place *tout* autre, eût été indigne de lui.

Lorsque, dans le même sens, le mot *tout* se trouve placé devant un adjectif féminin, il y a deux choses à considérer.

1.° Si cet adjectif féminin commence par une voyelle ou une *h* muette, *tout* reste invariable.

La compagnie fut *tout* étonnée, *tout* émue, *tout* attentive. -- Ces musiciennes, *tout* habiles qu'elles sont, ne chantent pas agréablement. -- Cette mère, *tout* heureuse qu'elle paraît, est souvent affligée. -- Ils sont tout œil et *tout* oreille, tout yeux et *tout* oreilles.

2.° Mais si l'adjectif commence par une consonne ou par une *h* aspirée, l'usage veut que le mot *tout*, quoiqu'employé dans un sens adverbial, prenne le genre et le nombre du nom auquel se rapporte l'adjectif. Ainsi on doit écrire et prononcer :

Ces personnes restèrent toutes surprises et *toutes* honteuses. Elles sont revenues *toutes* haletantes, à force d'avoir couru.

Tout.... est masculin avec un nom de ville.

Tout Rome le sait ; *tout* Nantes l'a vu.

Avec les noms de royaumes, de pays, il s'accorde.

Toute la France. -- *Toute* la Bretagne.

____

(2) *Tout*, c'est-à-dire, tout-à-fait.

QUOIQUE, QUOI QUE.

Quoique, conjonction qui signifie *encore que*; *bien que*, s'écrit toujours en un seul mot.

Mais, *quoique* pour la suivre (la vertu), il coûte quelques larmes,
Tout austère qu'elle est, nous admirons ses charmes.

Mais cette expression s'écrit en deux mots, quand elle signifie *quelque chose que....*

Quoi que vous écriviez, évitez la bassesse.

SUR LES VOYELLES NASALES.

Ant, ent.

Quand faut-il employer l'*a* ou l'*e* dans ces syllabes à la fin des mots ?

Les participes présents prennent toujours l'*a* (*pages* 30 *et* 81.)

En général, on l'emploie aussi dans les noms dérivés de quelque verbe, comme *négociant*, de *négocier*; *fabricant*, de *fabriquer*.

Les adverbes prennent toujours l'*e* : *Doucement, poliment* (*page* 70.)

On a conservé cette voyelle dans les mots français, tirés des mots latins où elle se trouve.

Ardent, *ardens*, évident, *evidens*, imprudent, *imprudens*.

C'est le sens qui fait préférer l'*e* ou l'*a* dans les mots *président*, *précédent*, *différent*, *excellent*, *violent*, *résident*, *négligent*.

« Je l'ai vu *présidant* le conseil. »

Dans cet exemple, *présidant* énonce une action momentanée, il a un régime; c'est un participe.

— *Voilà le* PRESIDENT *du conseil.* Ici, *président* exprime un titre, un état permanent ; c'est un nom commun.

Am, an ; em, en.

Ce son nasal s'écrit :

1.º Par *am*, *an*, dans presque tous les mots français qui viennent de mots latins, écrits par ces lettres.

Ambitieux, champ, chant, année, substance.
Ambitiosus, campus, cantus, annus, substantia.

2.º Par *em*, devant *b*, *m*, *p*, dans les mots composés qui viennent d'un nom ou d'un verbe.

Emballer, — embarquement, — emboîter, — emporter.
de.... *Balle..—* barque..... — boîte.. — porter.

3.º Par *en*, s'il suit une autre lettre que *b*, *m*, *p*.

Encourager, — enlever, — entêtement, — engraisser.
de.... *Courage..—.* lever.. — tête..... — graisse.

Tous les verbes en *dre*, où cette syllabe est précédée du son *an*, se terminent en *endre*, comme *vendre*, *prendre*, etc., excepté *répandre*.

4.º Par *em*, *en*, dans presque tous les mots français formés des mots latins, écrits par *em*, *en*, *im*, *in*.

Tempérer, — empreindre, — mentir, — dent, — enfance.
Temperare. — *imprimere* ... — *mentiri.* — *dens.* — *infantia.*

Im, in, aim, ain, ein.

Si le mot où ce son doit être écrit, est un nom, examinez les mots qui en viennent.

Faim ; famine ; fin, finir. Pain, panetier ; vin, vineux.
Fames......... ; *finis......* Panis.......... ; *vinum......*

Si le mot est un adjectif, voyez comment il fait au féminin.

Divin, humain. Plein, *plenus.* Plain, planus. Serein.
Divine. humaine. Pleine......... Plaine........ *Sereine.*

Le même moyen vous fera connaître dans les participes passés les lettres finales qui ne se prononcent pas au masculin.

Aimé, réduit, pris , mort , ouvert , prédit.
Aimée, réduite, prise, morte, ouverte, prédite.

REMARQUE. -- En général , c'est en recourant aux dérivés qu'on reconnaît la finale du primitif : Le mot *accord*, par exemple , doit avoir pour finale la lettre *d*, parce qu'en y ajoutant *er*, terminaison de la première conjugaison , l'on a le verbe *accorder*. La prononciation du dérivé suffit souvent pour faire trouver la finale du primitif.

Camp, --- plomb , -- danger , ---- début, --- rang.
Camp-er , plomb-er , danger-eux , début-er , rang-er.

Quelques écrivains suppriment le *p* dans *temps* (*tempus*), le *t* dans *enfants* (*infantes*), etc., etc. Quand on considère l'étymologie de ces mots et leurs dérivés, *temporel*, *enfanter*, etc. , cette réforme paraît peu raisonnable.

DE QUELQUES SIGNES ORTHOGRAPHIQUES.

LES ACCENTS , voyez page 4.

On met l'*accent grave* sur *à*, préposition, mais jamais sur *a* , verbe.

La pomme *à* la plus belle , *a* dit l'antique adage ;
Un plus heureux *a* dit : la rose *à* la plus sage.

On met aussi l'*accent grave* sur les expressions adverbiales *là , de-çà , de-là , déjà , où*. On n'en met point sur la conjonction *ou*, ni sur *la*, article , nom ou pronom.
Du pour *de le* s'écrit sans accent ; *dû*, participe du verbe *devoir*, porte *l'accent circonflexe*.

L'APOSTROPHE (') sépare deux mots, et marque la suppression d'une de ces trois voyelles *a*, *i*, *e* muet. *L'amitié*, *l'honneur*, *s'il vient quelqu'un*, pour *la amitié*, *le honneur*, *si il vient quelque un.*

On écrit avec l'apostrophe : avoir *grand'peur*, à *grand'peine*, la *grand'messe*, pas *grand'chose*, respecter sa *grand'mère*.

On dit et on écrit sans apostrophe : *De huit* ôtez sept, *reste* un. *Le* huit, *le* onze, *le* oui et *le* non.

LE TRÉMA (¨). On appelle *tréma* deux points qu'on met sur *e*, *i*, *u*, pour empêcher la réunion de deux voyelles qui doivent être prononcées séparément. *Naïf*, *haïr*, *Saül*, *cigüe*, ôtez le tréma ; on prononcera *nef*, *hèr*, *sol*, *cigue*.

La CÉDILLE (Ç) est une espèce de petite virgule qui se place sous le ç devant *a*, *o*, *u*, quand on veut lui donner le son de *s*, comme dans *façade*, *reçois*, *déçu*.

LE TRAIT-D'UNION (-) se met entre le verbe et les pronoms ou expressions pronominales qui le suivent, dans les phrases interrogatives ou impératives, et dans celles qui énoncent une supposition ou une citation.

Ex.: *Prêtez-moi* l'un et l'autre une oreille attentive.
Pour un si grand ouvrage *est-ce* assez de leur zèle?
Je crains Dieu, *dites-vous*, sa vérité me touche.

Si le verbe finit par une voyelle, on ajoute un *t* devant *il*, *elle*, *on*; et ce *t* se met entre deux traits-d'union.

Offrira-t-on bientôt ce pompeux sacrifice ?
Me *sera-t-il* permis de me joindre à vos vœux?
Verra-t-on à l'autel votre heureuse famille ?

On emploie encore le trait-d'union : 1.º entre *très* et le mot suivant, *très-bon*, *très-sage*; 2.º entre plusieurs mots qui n'en composent plus qu'un, *arc-en-ciel*; 3.º entre *ci*, *là*, et le mot qui les suit ou les précède : *celui-ci*, *cette femme-là*, *ci-dessus*, *ci-joint* ; 4.° entre *même* et les pronoms personnels qui le précèdent : *Pardonnez souvent aux autres, mais jamais à* vous-même.

Pour éviter la prononciation dure et désagréable de quelques phrases mono-syllabiques, terminées par *je*, telles que *cours-je, ments-je, dors-je*, on doit préférer un autre tour, et dire : *est-ce que je cours ? est-ce que je mens ? est-ce que je dors ?*

Lettres Majuscules ou Capitales.

La première lettre de certains mots doit être *majuscule*, c'est-à-dire, plus grande que les sui-vantes.

Les lettres *majuscules* distinguent :

1.° Le premier mot d'un discours quelconque, et de toute phrase qui commence après un point ou un alinéa.

2.° Les noms propres, et le titre des personnes à qui on adresse la parole.

Va m'attendre ; *Phœnix*..... *Madame*, demeurez.

3.° Les noms des sciences, des arts, lorsqu'ils font le principal sujet du discours.

4.° Dans la poésie, tous les vers commencent par une lettre *majuscule*.

HOMONYMES.

Par *homonymes*, on entend des mots qui, ayant la même prononciation, expriment des choses dif-férentes, et s'écrivent différemment.

Sain,	saint,	sein,	seing,		ceint.
Sanus,	*sanctus,*	*sinus,*	*chirographum,*		*cinctus.*
Saine,	scène,	cène,	la Seine.		
Sana,	*scena,*	*cœna,*	*Sequana.*		
Sang,	sans,	sent,	sens,	cent.	
Sanguis,	*sine,*	*sentit,*	*sensus,*	*centum.*	

Vous ne pouvez lire une page, sans trouver des homonymes!

REMARQUES

RELATIVEMENT AUX ANIMAUX.

COMME on se trompe quelquefois en parlant du *pied*, de la *tête*, ou du *cri* de certains animaux, les observations suivantes ne paraîtront sans doute pas inutiles.

On dit :

Le PIED *d'un cheval, d'un bœuf, d'un cerf, d'un chameau, d'un éléphant, d'un mouton, d'un veau, d'une chèvre,* et des autres animaux dans lesquels cette partie est de corne.

La PATTE *d'un chien, d'un chat, d'un lièvre, d'un lapin, d'un loup, d'un ours, d'un singe, d'un rat,* et des autres animaux qui n'ont pas cette partie de corne. On dit aussi la *PATTE*, en parlant des oiseaux, excepté des oiseaux de proie.

Les ONGLES *d'un lion, les* GRIFFES *d'un chat, d'un tigre,* etc. ; *les* SERRES *d'un aigle, d'un vautour, d'un épervier.*

La BOUCHE *d'un cheval, d'un chameau, d'un éléphant,* et en général des bêtes de somme et de voiture.

La GUEULE *d'un bœuf, d'un chien, d'un brochet, d'un lion, d'un loup, d'un crocodille,* etc. On nomme de même cette partie dans la plupart des animaux à quatre pieds, et dans les poissons. On se sert du mot BEC pour les volatiles.

On dit : Le GROIN *d'un cochon ;* le MUFLE *d'un cerf, d'un bœuf, d'un lion, d'un léopard, d'un tigre ;* le MUSEAU *d'un chien, d'un renard,* etc., pour cette partie de la tête qui comprend la gueule et le nez.

On appelle les Défenses ou les Broches *du sanglier*, ces deux grosses dents crochues et affilées qui sortent de sa gueule.

Nous disons la Hure *d'un sanglier, d'un saumon, d'un brochet*, pour la tête.

CRI DES ANIMAUX.

L'abeille et la mouche *bourdonnent*, l'âne *brait*, le bœuf *mugit* ou *beugle*; la brebis *bêle*; le chat *miaule*, le cheval *hennit*, le chien *aboie* ou *jappe*, le cochon *grogne*, la grenouille *coasse*, le corbeau *croasse*, le lion *rugit*, le loup *hurle*, le serpent *siffle*, les petits chiens et les renards *glapissent*, les pigeons *roucoulent*, la perdrix *cacabe*, la cigogne *craquète*, la cigale *claquète*, le paon *braille* ou *criaille*, la poule d'inde et le poulet *piolent*, la tourterelle *gémit*.

Fin de la première Partie.

SECONDE PARTIE.

DE LA SYNTAXE.

La Syntaxe est l'art de donner aux mots les formes et la place convenables dans le discours.

Les règles de la Syntaxe consistent dans celles de *concordance* ou *d'accord*, et dans celles de *dépendance* ou de *régime*. Ces deux sortes de règles dérivent de deux rapports généraux que Dumarsais, le maître des Grammairiens, nomme rapports *d'identité* et de *détermination* (*).

Les règles *d'accord* qui assujettissent les adjectifs, les articles, les pronoms et les verbes à des formes ou terminaisons particulières, ont été déjà exposées dans l'ordre qui m'a paru le plus favorable à votre instruction.

Nous allons y ajouter, dans cette seconde partie, quelques observations sur chaque espèce de mots.

(*) Par rapport *d'identité*, on entend l'union de plusieurs mots pour exprimer le *même être (idem ens)*. Exemple. L'homme vertueux est estimé. *Le, vertueux, est, estimé*, concourent avec *homme* à exprimer le *même être ;* ils *s'identifient* en quelque sorte avec ce nom ; ils sont tous en rapport *d'identité* avec *homme*, dont ils prennent, pour cette raison, le *nombre*, le *genre*, la *personne*.

Par rapport de *détermination*, on entend l'effet que produit un mot sur un autre qu'il suit, et dont il restreint ou *détermine* le sens. Il y a autant de rapports de *détermination* qu'il y a de questions qu'un mot donne lieu de faire. Exemple. *J'enverrai.* Quoi? *un bon livre.* A qui ? *à votre frère.* Quand? *demain.* D'où? *de Paris.* Comment? *par l'occasion que vous m'offrez.* Pourquoi? *pour lui faire plaisir.* (Voyez le chapitre des Compléments).

SYNTAXE DU NOM.

Noms collectifs. — Les noms *collectifs généraux* marquent la totalité ou du moins un nombre déterminé des personnes ou des choses dont on parle. Lorsqu'ils sont suivis de la préposition *de* et d'un *nom*, l'adjectif, le pronom, le verbe et le participe, s'accordent avec le nom *collectif général.*

L'armée des infidèles *fut* détruite à la bataille de Peter-waradin.
La *foule* des Troyens *s'élança* dans le camp des Grecs.
On a fourni le *nombre* d'exemplaires *convenu.*

Les *collectifs partitifs* indiquent une quantité vague, une *partie* indéterminée des personnes ou des choses dont on parle.
Dans l'emploi de ces noms, souvent on obéit plutôt au sens et à la pensée qu'aux règles de l'accord ordinaire : le verbe et l'adjectif s'accordent avec le nom qui exprime l'idée principale , à la suite du nom collectif.

La plupart des *hommes* , *aveugles* sur *leurs* propres défauts , ne *voient* rien de louable dans les autres.

Dans cette phrase, le verbe et les adjectifs sont au pluriel, quoiqu'ils paraissent modifier le nom singulier *la plupart.* Pourquoi cette construction contraire à la règle générale? c'est que l'esprit s'arrête sur le nom *hommes* , et, préoccupé de cette idée principale, y rapporte les adjectifs et le verbe.
Au pluriel *hommes* substituez le singulier *monde*, alors le verbe et les adjectifs se mettront au singulier.

La plupart du *monde*, *aveugle* sur *ses* propres défauts, ne *voit* rien de louable dans les autres.

Quelquefois *la plupart* s'énonce seul ; on supprime le nom qui doit en déterminer le sens, et que les circonstances du discours font connaître ; alors le verbe et l'adjectif s'accordent avec le nom sous-entendu.

> La plupart, *emportés* d'une fougue insensée,
> Toujours loin du droit sens *vont* chercher *leur* pensée.

C'est-à-dire, les *écrivains*, pour la plupart, *emportés*, etc.

Aux autres noms collectifs partitifs, tels que, *une infinité de, multitude, assez, tant, trop de*, etc., on peut appliquer les observations précédentes, lorsqu'ils sont sujets d'un verbe.

> Assez *d'autres* viendront, à mes ordres soumis,
> Se couvrir des lauriers qui vous furent promis.

C'est-à-dire, *d'autres guerriers*, en nombre suffisant, *viendront*, etc.

> Jamais tant de *beauté fut-elle couronnée*?
> Tant de *coups* imprévus m'accablent à la fois.

Quand c'est le nom *collectif* qui attire l'attention plus particulièrement, on se conforme aux règles de l'accord grammatical.

> D'adorateurs zélés à peine un *petit nombre*
> *Ose* des premiers temps nous retracer quelqu'ombre. RAC.

Une *nuée* de traits *obscurcit* l'air, et *couvrit* les combattants.

REMARQUE. C'est à l'usage d'obéir quelquefois plutôt au sens qu'aux mots, que l'on doit rapporter certaines expressions qui paraissent contraires aux règles, et qui néanmoins sont correctes.

Quand le *peuple* hébreu, dit Bossuet, entra dans la terre promise, tout y célébrait *leurs* ancêtres.

Peuple au singulier semblait exiger *ses* ; mais *leurs* se lie plus élégamment avec l'idée dont l'esprit est rempli.

C'est ainsi que l'on dit : *Il n'est sur la terre que* MOI *qui m'intéresse à cette personne.... que*

TOI qui T'intéresses....que LUI qui s'intéresse, etc.; parce qu'on rapporte tout au sujet principal, *moi* dans la première phrase, *toi* dans la seconde, etc.

Après *l'un et l'autre, ni l'un ni l'autre*, l'Académie et nos meilleurs écrivains emploient le verbe tantôt au singulier, tantôt au pluriel : *L'un et l'autre y a manqué*; *l'un et l'autre y ont manqué.*

L'*un* et l'*autre ont* promis Atalide à ma foi. RAC.

Il vaut mieux sans doute se conformer à la règle générale (*page* 64), qui veut qu'après plusieurs sujets le verbe soit au pluriel.

Au reste, la Langue française offre d'autres moyens d'exprimer les mêmes idées, et permet d'employer *tous les deux* pour *l'un et l'autre*, *aucun des deux* pour *ni l'un ni l'autre*; comme pour *l'un ou l'autre* on peut dire *l'un des deux.*

Si la conjonction *ou* se trouve entre plusieurs sujets, on accorde le verbe avec le dernier.

Sa perte *ou* son salut dépend de sa réponse.
Ou mon œil, ou ma main, quand j'exprime une idée,
D'un geste imitateur l'*a* bientôt dessinée.

Si les sujets sont de différentes personnes, on suit la règle générale (*page* 64) : *vous et moi, nous sommes contents de notre sort.*

On doit éviter les phrases telles que les suivantes : *Toi* ou *moi le ferons*, *elle* ou *lui sera payé*, *lui* ou *moi irons à Paris*, etc.; il vaut mieux prendre un autre tour : *Tu le feras* ou *je le ferai ;* ou bien, *un de nous deux le fera*, etc.

Lorsque deux sujets sont liés par les expressions conjonctives *comme , ainsi que, de même que*, etc., on n'accorde qu'avec le nom qui est le premier terme de la comparaison.

> *Mars,* comme tous les dieux adorés dans la Grèce,
> *Servait* d'exemple au vice..........
> Ainsi que la vertu, le *crime a* ses degrés.

Les mots *tout*, *rien*, précédés de plusieurs sujets, exigent que le verbe suivant soit au singulier.

> Biens, dignités, honneurs, *tout disparaît* à la mort.
> Jeux, conversations, spectacles, *rien* ne *peut* la retirer de la solitude.

Lorsque la conjonction *mais* unit les sujets, on accorde le verbe avec le dernier.

> Non-seulement ses titres, ses honneurs, ses dignités, *mais* encore sa fortune *s'évanouit* :

On dirait aussi bien :

> Non-seulement ses titres, ses honneurs, ses dignités *s'évanouirent*, mais encore sa fortune.

On et *quiconque* sont toujours masculins, à moins qu'ils ne se rapportent expressément aux femmes.

> *Quiconque* fait le mal, est *puni* tôt ou tard.
> *On* est *chérie* de son époux, quand on se distingue plutôt par ses vertus que par ses grâces.

SYNTAXE DE L'ADJECTIF.

Certains adjectifs changent de signification, selon qu'ils sont placés avant ou après le nom substantif auquel ils se rapportent.

EXEMPLES.	Signification différente du même Adjectif, avant ou après le nom.
Un GRAND homme........	d'un mérite supérieur, extraordinaire.
Un homme GRAND......	d'une haute taille.
Un BRAVE homme........	homme de bien, de probité, d'un commerce sûr.
Un homme BRAVE......	intrépide, qui affronte le danger.

ÈXEMPLES.	*Signification différente du mémé Adjectif, avant ou après le nom.*
Un auteur PAUVRE (1).	sans bien, sans fortune.
Un PAUVRE *auteur*......	sans talents, sans mérite.
Une COMMUNE *voix*....	qui réunit tous les suffrages.
Une voix COMMUNE.....	ordinaire, qui n'a rien de remarquable.
Le HAUT *ton*...............	manière de parler arrogante.
Le ton HAUT...............	degré supérieur d'élévation d'une voix ou du son d'un instrument.
Les PROPRES *termes*......	les mêmes mots, sans y rien changer.
Les termes PROPRES.....	qui expriment exactement la pensée.
Un NOUVEL *habit*.......	différent d'un autre qu'on vient de quitter.
Un habit NOUVEAU......	d'une nouvelle mode.
Un habit NEUF...........	qui n'a point ou qui a peu servi.
Un SEUL *mot*...............	le seul qu'on doive employer pour exprimer ce qu'on veut dire.
Un mot SEUL...............	qui n'est point accompagné d'autres mots. « Etre *juste*, enfin : Ce *mot seul* veut tout dire.»
MORTEL, *avant le nom*.	grand, excessif, insupportable.
MORTEL, *après le nom*.	sujet à la mort, ou qui cause la mort.
L'air MAUVAIS...........	extérieur redoutable, qui annonce un caractère méchant.
MAUVAIS *air*...............	extérieur ignoble, maintien gauche ou inconvenant.

   « Cléon, lorsque vous nous bravez,
   » En démontant votre figure,
  » Vous n'avez pas l'*air mauvais*, je vous jure.
  » C'est *mauvais air* que vous avez. »

Pour connaître ces sortes de distinctions, consultez l'usage; étudiez les *synonymes* de l'abbé GIRARD, et de ROUBAUD.

SYNTAXE DE L'ARTICLE.

Les noms *communs* n'expriment par eux-mêmes qu'une idée générale, vague, indéterminée.

L'*article* sert à indiquer précisément, à *déterminer* le sens, plus ou moins restreint, qu'on a l'intention de donner à ces sortes de noms.

L'article LE, LA, LES, fait prendre le nom commun dans toute l'étendue de sa signification.

  L'homme doit discerner, s'il veut se rendre heureux,
  Du plaisir innocent le plaisir dangereux.

---

(1) C'est le ton, ce sont les circonstances du discours qui presque toujours déterminent le sens du mot *pauvre.*

Dans cet exemple *l'homme* désigne tous les individus (1) qui composent le genre humain.

Un adjectif, une phrase incidente, souvent même les circonstances seules du discours, peuvent restreindre la signification du nom commun, généralisé par l'article.

L'homme *vertueux* n'agit jamais contre sa conscience.

Ici, l'adjectif *vertueux* détermine le mot *homme* à ne se rapporter qu'à une partie du genre humain. Cette proposition, ainsi énoncée, est vraie; elle cessera de l'être, si l'on supprime l'adjectif *vertueux*.

On a parlé, je le suppose, d'un certain personnage; tout-à-coup on l'aperçoit, et l'on s'écrie: voilà *l'homme*. Il est évident que les circonstances restreignent ici le sens du mot *homme*, et le déterminent à ne désigner qu'un individu.

Le nom commun se met sans article, quand il est employé dans sa signification vague et générale, sans aucune application particulière; comme dans cette phrase : *Cet enfant a une voix d'HOMME.* L'absence de l'article fait voir qu'on ne veut parler ni de tous les hommes en général, ni de telle classe d'hommes, ni de tel homme en particulier. Ce mot ne réveille que l'idée vague, indéterminée, dont il est le signe.

Les articles rendent le discours propre à exprimer les nuances les plus délicates de nos idées.

« Charles est *fils* d'Edouard.
» Charles est *un fils* d'Edouard.
» Charles est *le fils* d'Edouard. »

La première de ces phrases énonce simplement que *Charles* est fils *d'Edouard*, et non d'un

______

(1) Par *individu*, on entend un être ou un objet considéré seul; plusieurs *individus* composent l'espèce ; et plusieurs *espèces*, le genre. Un homme seul est un *individu*; les hommes *blancs* forment une *espèce*, les *noirs* forment une autre *espèce* : ces *espèces* composent le *genre* humain.

autre. Dans la seconde, l'article *un* fait entendre qu'*Edouard* a d'autres enfants ; et dans la troisième, *le* indique qu'*Edouard* n'a pas d'autre fils que *Charles*.

On peut regarder comme articles, ou du moins comme équivalents de l'article, les pronoms *ce*, *ces*, *mon*, *ton*, *son*; les adjectifs de nombre, *un*, *deux*, *trois*, etc., *tout*, *nul*, *aucun*, *quelque*, *plusieurs* (1).

En effet, ils remplissent les fonctions de l'article ; ils désignent des objets *déterminés* dans l'esprit de celui qui parle : aussi n'emploie-t-on pas l'article avec ces mots devant les substantifs.

L'article qui précède certains noms de personnes, est une syllabe inhérente au nom, et toujours invariable ; comme dans *La Fontaine*, *Du Marsais*.

On dit aussi *la Loire*, *le Soleil*, *la Lune*, *le Saint-Bernard*, etc. On pourrait dire que, dans ces cas, il y a ellipse, c'est-à-dire, quelques mots sous-entendus : *la* rivière nommée *Loire*, l'astre nommé *Soleil*, la planette nommée *Lune*, *le* mont nommé *Saint-Bernard*, etc.

ACCORD DE L'ARTICLE.

1.º LE, devant les adverbes *plus*, *moins*, suivis d'un adjectif, s'accorde, s'il y a comparaison entre les *objets* dont cet adjectif exprime une qualité.

De toutes les personnes que je connais, elle est *la* plus aimable.

2.º LE est invariable, s'il n'y a comparaison qu'entre les degrés de signification de l'adjectif.

Tibère et Domitien affectaient d'être humains, lors même qu'ils étaient *le* plus féroces.

____

(1) Dans les premières éditions de cette Grammaire, j'avais compris tous ces mots parmi les articles, suivant le système de Beauzée ; l'expérience m'a fait revenir aux dénominations grammaticales usitées dans tous nos ouvrages classiques.

Dans cet exemple, on ne compare que le *plus* ou le *moins* de férocité dont ces empereurs Romains donnèrent des marques en différentes circonstances.

Mais si l'on veut établir une comparaison entre ces deux princes et les autres hommes, on dira : *au moment qu'ils étaient* LES *plus féroces* DES *hommes.*

La Fontaine nous fournit un bel exemple de cette régle, en parlant du sanglier blessé par Adonis.

A ces mots, dans les airs le trait se fait entendre.
A l'endroit où le monstre a la peau *le* plus tendre,
Il en reçoit le coup, se sent ouvrir les flancs.

3.° LE est invariable devant *plus, moins, mieux,* lorsque ces adverbes ne sont suivis d'aucun adjectif.

Ce sont ces personnes que j'estime *le* plus, *le* moins. ═ De toutes ces musiciennes, voilà celle qui chante *le* mieux.

Des pour *de les* s'emploie devant le nom suivi de l'adjectif.

Il n'est *des* plaisirs *vrais* que pour l'homme de bien.

Mais si l'adjectif précéde le nom, la préposition *de* se met sans l'article.

Il n'est *de vrais* plaisirs que pour l'homme de bien.

L'intempérance donne de courtes joies et de longs déplaisirs.

SYNTAXE DES PRONOMS.

TU, VOUS,

La politesse veut qu'en adressant la parole à un seul, on dise vous, au lieu de TU. C'est un usage général et indispensable entre les personnes qui, n'étant pas familières l'une avec l'autre, veulent se traiter décemment. Ainsi, l'on dit à un enfant même :

Soyez bon, docile, studieux ; *vous* serez bien *aimable* et bien *aimé.*

Dans ce cas, l'adjectif et le participe restent au singulier.

Dans la poësie, et en général dans le style élevé, on tutoie tout, même ce qu'il y a de plus grand, de plus vénéré.

> Grand Dieu ! tes jugements sont remplis d'équité....
> Grand Roi, *poursuis* toujours, *assure* leur repos (*des Muses*).

La lecture de nos bons écrivains, en formant votre goût, vous apprendra dans quelles occasions le tutoiement est permis, et même peut donner de la noblesse et de la force au discours.

(*Andromaque*, acte IV, sc. 5. == *Zaïre*, acte IV, sc. 2. == *Athalie*, acte V, sc. 5.)

LUI, EUX, ELLE, ELLES, LEUR.

Avec les choses qui ne sont pas personnifiées (1), il ne faut employer ces pronoms joints à une préposition qu'autant qu'ils ne peuvent se rendre par l'un de ces mots : *en, y, dessus, dedans, auprès.*

Ainsi, l'on dira : *La fortune de son frère va bien augmenter la sienne ; il ne devait pas* Y *compter sitôt*; et non pas : *il ne devait pas compter sitôt* SUR ELLE, parce qu'ici la fortune n'est pas personnifiée.

On doit dire, en parlant
d'un état, d'une profession : *Ma vie* EN *dépend.*
des juges d'un tribunal : *Ma vie dépend d'*EUX.
de la persécution : *Il faut* Y *opposer de la résistance.*
des persécuteurs : *Il faut* LEUR *opposer de la résistance.*
d'un mauvais pont : *Ne vous* Y *fiez pas.*
d'un méchant homme : *Ne vous fiez pas* A LUI.

---

(1) Les *choses* sont *personnifiées*, lorsqu'on leur attribue intelligence et volonté, comme aux *personnes* elles-mêmes.

Les diamants sont beaux, très-bien choisis;
Et vous verrez des étoffes nouvelles,
D'un goût charmant.... Oh! rien n'approche d'*elles*.

On dirait correctement : *Rien n'*EN *approche.*

Ce torrent entraîne *avec lui* tout ce qu'il rencontre.
Les plaisirs laissent souvent *après eux* des regrets.

Dans ces sortes de constructions, il n'y a point à choisir; on ne peut substituer d'autres mots aux pronoms.

SOI.

On peut considérer le pronom SOI comme se rapportant à des personnes ou à des choses, à un singulier ou à un pluriel.

1.° Il se dit des personnes, quand son antécédent présente un sens vague et indéterminé.

Il faut, autant qu'on peut, obliger tout le monde :
On a souvent besoin d'un plus petit que *soi.*
Qui ne vit que pour *soi* n'est pas digne de vivre.

Dans tout autre cas, on doit préférer *lui, elle, lui-même,* etc.

2.° SOI, au singulier, se dit des choses.

Ce remède est bon de *soi.* = La vertu porte sa récompense avec *soi.*

Au pluriel, l'Académie ne l'admet que dans cette phrase :

De *soi,* ces choses sont indifférentes.

SON, SA, SES.

On doit aussi employer les pronoms possessifs de la 3.° personne, SON, SA, SES, etc., toutes les fois qu'ils se rapportent à des personnes ou à des choses personnifiées. On dit, par exemple, en parlant

1.º D'un homme ou d'une femme : *Sa tête est belle.*

2.º Du monstre qui fit périr Hippolyte :

> Indomptable taureau, dragon impétueux,
> *Sa* croupe se recourbe en replis tortueux.

3.º De la Fortune : *Ses faveurs sont trompeuses,* parce que le sens du mot *faveurs* nous force à nous représenter la *fortune* comme *personnifiée.*

Mais lorsqu'on parle de *choses qui ne sont pas personnifiées,* on doit substituer l'adverbe EN aux articles possessifs, toutes les fois qu'on le peut. Ainsi, on dira, en parlant de la campagne :

Ex. *Les agréments EN sont préférables à ceux de la ville;* et non pas : *SES agréments sont préférables,* etc. Cependant on peut dire : *Si la ville a SES agréments, la campagne a aussi les siens.* Dans ces sortes de constructions, on n'a pas deux tours à choisir; il n'est pas possible d'y substituer l'adverbe EN aux articles.

Conformément à ce principe, on doit dire, en parlant

d'un laboureur.. *SES terres sont bien cultivées.*

d'un pays......... *Les terres EN sont bien cultivées.*

d'un poëte........ *SA versification est brillante.*

d'un poëme...... *La versification EN est brillante.*

d'enfants.......... *LEURS défauts m'affligent.*

de tableaux...... *Les défauts EN sont frappants.*

2.º REMARQUE.

On supprime ces articles toutes les fois que les circonstances du discours y suppléent suffisamment. Ainsi, on ne doit pas dire : *J'ai mal à MA tête, vous avez mal à VOS yeux, ce cheval a pris SON mors à SES dents.* Dans ces phrases, l'article est inutile , et par conséquent déplacé. Il faut dire : *J'ai mal à* LA *tête, vous avez mal* AUX *yeux, ce cheval a pris* LE *mors* AUX *dents.* Cependant on peut dire : *Je vois que* MA *main enfle*, parce que je puis voir enfler la main d'un autre comme la mienne.

3.ᵉ REMARQUE.

Lorsque le mot *chacun* est suivi d'un article possessif, dans quel cas doit-on préférer LEUR à SON, SA, SES ?

1.º On emploie SON, SA, SES, quand ces articles ne sont pas précédés d'un pluriel auquel ils se rapportent.

Que *chacun* songe à *ses* affaires. = Nous recompenserons *chacun* selon *son* mérite.

2.º Si *chacun* n'est énoncé qu'après que le sens collectif est fini, on met encore SON, SA, SES.

Tous les juges ont opiné, *chacun* selon *ses* lumières.

Le sens collectif est fini à *opiné*; on pourrait même s'arrêter là. Le mot *chacun* nous oblige de considérer les juges dans un sens distributif, c'est-à-dire, l'un séparé de l'autre; et ce sens distributif fait préférer SES à LEUR.

On le préfère encore, si le verbe a un régime qui soit exprimé avant *chacun*.

Tous les juges ont donné leur avis , *chacun* selon *ses* lumières.

Mais si *chacun* précède le régime, et que par conséquent le sens collectif ne soit pas fini, ce qui suit ne peut plus se dire distributivement, et on doit préférer LEUR.

Tous les juges ont donné CHACUN *leur* avis selon *leurs* lumières.

Au reste, cette dernière construction paraît moins correcte. Il vaut mieux, pour la clarté et la précision, ne pas réunir dans la même phrase les mots *chacun* et *leur.*

Ce *devant le verbe* Être.

Le verbe *être*, précédé de *ce*, s'emploie toujours au singulier, lorsqu'il est suivi d'un pronom de la première ou de la seconde personne, quand même ce pronom serait au pluriel.

C'est moi, *c'était* toi, ce *fut* nous, ce *sera* vous.

Il se met au pluriel, lorsqu'il est suivi d'un nom ou d'un pronom de la 3.e personne, au pluriel, et employé comme sujet.

Ce *furent* ces associations qui firent fleurir si long-temps le corps de la Grèce. = Ce ne *sont* ni les arts, ni les métiers qui peuvent dégrader l'homme : ce *sont* les vices. = *C'étaient* eux qui ordonnaient les cérémonies.

Cette règle doit s'observer dans la prose. Mais il peut être permis de s'en écarter dans la poësie, et sans doute on ne pourrait pas condamner ce vers d'un grand poëte :

Ce n'*est* pas *les Troyens*, c'est Hector qu'on poursuit.

Dans la phrase interrogative, pour éviter un son désagréable à l'oreille, on préfère : *est-ce eux?* *est-ce elles?* à *sont-ce eux? sont-ce elles?*

LE , LA , LES.

Ces pronoms peuvent représenter des noms, des adjectifs, des verbes, des phrases entières.

Employés pour un nom, ils en prennent le genre et le nombre.

L'*indulgence* que le public a eue pour moi, je *la* dois à votre protection.

A cette question : *Etes-vous Elisa* ? on peut répondre simplement *oui* ; mais si l'on ajoute une phrase où le pronom doive être employé, il faut dire : *Je LA suis. LA* est pour *celle* ou la *personne qui se nomme Elisa*.

LE ; pronom, est invariable,

1.º Lorsqu'il remplace des adjectifs.

La jeune Élisa, déjà si *intéressante* par ses grâces naïves, *le* sera bien davantage un jour par ses connaissances et ses vertus. Ses parents sont eux-mêmes si *aimables* et si *vertueux*, qu'elle *le* deviendrait sans autres leçons que leurs exemples.

Le premier *le* est pour l'adjectif *intéressante* ; le dernier, pour *aimables* et *vertueux*.

ZAÏRE. ... Cher auteur de mes jours, parlez : que dois-je faire ?
LUSIGNAN. M'ôter, par un seul mot, ma honte et mes ennuis,
   Dire : Je suis *chrétienne*.
ZAÏRE. ... . Oui.... Seigneur.... Je *le* suis.

2.º Lorsqu'il remplace des verbes.

S'il faut *fléchir* Pyrrhus, qui *le* peut mieux que vous ?

3.º Lorsqu'il remplace des phrases.

Si le public a eu quelqu'indulgence pour moi, je *le* dois à votre protection.

Le est pour cette phrase : *que le public ait eu quelqu'indulgence pour moi.*
Dans ces cas, *le* doit être invariable, puisque les adjectifs, les verbes, les phrases, n'ont par eux-mêmes ni genre ni nombre.

Pronom relatif.

QUI, *sujet*, se dit des choses comme des personnes ; mais, *régime* d'un verbe, ou *complément* d'une préposition, il ne s'emploie qu'avec les personnes. On le remplace par LEQUEL, LAQUELLE, *etc.*, quand il se rapporte à des noms de choses et même d'animaux.

Qui préférez-vous de ces livres? Il faut dire : *Lequel* préférez-vous, *etc.*

Le chien *auquel* (et non pas *à qui*) Alcibiade fit couper les oreilles.....

Ce jeune homme a recueilli une succession sur *laquelle* (et non pas *sur qui*) il ne comptait pas.

> Quel que soit le plaisir que cause la vengeance,
> C'est l'acheter trop cher que l'acheter d'un bien
> Sans *qui* les autres ne sont rien.

En prose, il serait plus correct de dire : *sans* LEQUEL *les autres,* etc.

Place des Pronoms dans le discours.

En général, tout nom ou pronom, employé comme *sujet*, précède le verbe.

Mais quand le verbe énonce une interrogation ou une supposition, *je*, *tu*, *il*, *nous*, *vous*, *ils*, *elle*, *elles*, et *on*, se placent immédiatement après.

> Que faisiez-*vous* alors? pourquoi sans Hippolyte,
> Des héros de la Grèce assembla-t-*il* l'élite?

Eussiez-*vous* tous les talents, vous serez méprisé, si vos mœurs sont mauvaises. = Que dit-*on* de nouveau?

Dans ces deux cas de l'interrogation et de la supposition, il est indispensable de placer ainsi le pronom, quand même le nom auquel il se rapporte serait exprimé.

Dieu laissa-t-*il* jamais ses enfants au besoin?

Dans les phrases qui commencent par *au moins* ou *du moins*, *aussi*, *à peine*, *en vain*, *peut-être*, on peut élégamment mettre le pronom, *sujet*, après le verbe, même lorsque le nom est exprimé.

Du moins conviendrez-*vous* que mes intentions étaient pures.

Quand le verbe énonce incidemment qu'on rapporte les propres paroles de quelqu'un, le *sujet*, soit nom, soit pronom, doit le suivre.

Il a tort, dira l'*un*; pourquoi faut-il qu'il nomme?

MOI, TOI, LUI, *régimes* ou *compléments*, suivent le verbe; *sujets*, ils se placent indifféremment avant ou après.

Moi, je voulais partir aux dépens de ses jours!
Et que m'a fait à *moi* cette Troie où je cours?

Me, *te*, *le*, *la*, *les*, *leur*, *en* et *y* précèdent le verbe. Ils le précèdent même au mode impératif, quand il *défend*.

Vous *me* blâmez, je *le* sais, et j'*en* suis affligé.

Ne *la* conduisez pas. Ne m'*en* parlez pas. N'*y* allez point.

Mais quand le verbe à l'impératif *commande*, les pronoms le suivent.

Parlez-*moi*. Plaignons-*les*. Donnez-*m'en*. Conduisez-*moi-là*.

S'il y a deux impératifs, on dit :

Allez LE *chercher, et* ME L'*amenez, ou mieux, amenez-*
LE-MOI. *Allez-là, et* Y *demeurez, ou mieux, demeurez-*Y.
Prenez des livres, et EN *apportez, ou mieux, apportez-*EN.

(*Andromaque*, acte IIIme, scène 8.e)

Ah! de quel souvenir viens-*tu* frapper mon âme, *etc*.

Dans les vingt-trois vers suivants, le pronom est exprimé cinquante fois.

SYNTAXE DU VERBE.

SUPPLÉMENT A L'EXPLICATION DES MODES ET DES TEMPS.

Observations sur le PRÉSENT *de l'Indicatif*.

Le moment où je *parle*, est déjà loin de moi.

En effet, le *présent* nous échappe à mesure que nous parlons : nous sommes forcés de l'étendre dans le passé et dans l'avenir, et de regarder comme *parties du présent* des moments qui ne sont plus ou qui ne sont pas encore; ainsi nous regardons comme un temps *présent*, ce jour, cette semaine, ce mois, cette année, ce siècle, toute période enfin qui s'écoule à l'instant de la parole : d'après cette manière de considérer le temps,

On emploie la forme, du *présent* de l'indicatif,

1.° Pour exprimer les vérités nécessaires, éternelles, ce qui est dans l'ordre naturel des choses :

> Tout *meurt*, et tout *renaît* : l'automne, tous les ans,
> *Fait* place au triste hiver que *suit* le doux printemps;
> Les zéphyrs en tous lieux *ramènent* la verdure,
> Aux arbres dépouillés ils *rendent* leur parure,
> Et par l'ordre constant d'une agréable loi,
> Tout *revient*; mais le jour ne *revient* pas pour moi!
>
> (MILTON, *aveugle*.)

2.° Pour exprimer les goûts, les habitudes d'une personne :

Le fleuriste, planté dès le matin devant la tulipe, *ouvre* de grands yeux, il se *frotte* les mains, il se *baisse*, il la *voit* de plus près, il ne l'a jamais vue si belle, il a le cœur épanoui de joie.

3.° Pour exprimer avec plus de force le *passé* :

Lorsque le barbare Aldérète eut fait mettre sur des charbons ardents l'infortuné Empereur Guatimozin et son favori; le ministre cédant à la douleur, *jette* quelques cris. Guatimozin le *regarde* : Et moi, lui *dit*-il, *suis*-je sur un lit de roses?

Ici, la forme du *présent* fait un tableau qui met, pour ainsi dire, sous nos yeux cette scène touchante.

4.° On s'en sert même pour exprimer plus vivement l'avenir :

Finissez-vous bientôt ?

Qu'à cette question, faite par une personne impatiente de voir *finir*, on réponde : *J'ai fini dans un moment;* cette forme du *parfait indéfini,* substituée à celle du *futur,* marque la promptitude avec laquelle on promet de *finir.*

Mode Subjonctif. (Voyez page 28).

On doit mettre le second verbe au subjonctif,

Quand le premier verbe énonce le *désir,* la *volonté,* le *doute,* la *surprise,* la *crainte,* l'*admiration.*

> Croyez-moi, plus j'y pense, et moins je puis *douter*
> *Que* sur vous son courroux ne *soit* près d'éclater.

Quand il est précédé d'une négation, qu'il énonce une interrogation directe, ou qu'il s'agit de quelque chose d'incertain, de douteux.

> .... Je ne puis penser
> *Qu'*à feindre si long-temps vous *puissiez* vous forcer.

> Hé quoi! te semble-t-il *que* la triste Ériphyle
> *Doive* être de leur joie un témoin si tranquille?

Après l'adjectif précédé de *le plus, le moins.*

> Dieu peut confondre Aman, il peut briser nos fers
> Par *la plus* faible main qui *soit* dans l'univers.

Après le *meilleur,* le *pire.*

> La religion est toujours le *meilleur* garant que l'on *puisse* avoir des mœurs des hommes.

Après les mots *seul, unique, premier, dernier,* etc.

> Le plaisir d'obliger est le *seul* bien suprême
> Qui *puisse* élever l'homme au-dessus de lui-même.

Après *personne, aucun, rien,* etc.

> Le plus affreux péril n'a *rien dont* je *pâlisse.*

Après *que* employé dans le sens de *si.*

> Et vous, heureux Romains, quel triomphe pour vous,
> Si vous saviez ma honte, et *qu'*un avis fidèle
> De mes lâches combats vous *portât* la nouvelle!

Après *si* dans le sens de *quelque que.*

Il n'a pas été *si* leste qu'il ne *soit* tombé.

Après *quel, quelque, qui que ce soit, avant que,* et *autres expressions conjonctives,* page 76.

> *Avant que* le soleil te *ferme* la paupière,
> Sur tes œuvres du jour porte un regard sévère.

Dans certaines phrases où le premier verbe est employé comme impersonnel : *il faut, il est nécessaire, il convient,* etc., quand on ne préfère pas l'infinitif.

Principales Règles pour l'emploi des Temps *du Subjonctif.*

1.re Règle.

Quand le premier verbe est au *présent* ou au *futur* de l'*indicatif,* le second verbe se met,

1.º Au *présent* du subjonctif, si l'on veut exprimer une chose présente ou future :

Il faut que l'honnête homme *remplisse* ses obligations. *Il faudra* qu'ils se *rendent* à la force de la vérité, quand ils auront *permis* qu'elle *paraisse* dans tout son jour.

2.º Au *parfait* du subjonctif, si l'on veut exprimer une chose passée :

On *doute,* on *doutera* toujours que vous *ayez fait* tous vos efforts pour réussir.

Mêmes règles pour le *mode impératif :*

Ne pensez pas que je vous *accuse,* ni que je vous *aie* jamais *accusé* d'ingratitude.

Mêmes règles encore, pour les conditionnels *on ne saurait, on dirait,* employés dans le sens du présent, *on ne peut, il semble :*

On ne saurait rien faire que vous ne *trouviez* à redire.

On *dirait* que pour plaire, instruit par la nature,
Homère *ait* à Vénus *dérobé* sa ceinture.

3.° Dans un sens conditionnel, le second verbe peut être à *l'imparfait* du subjonctif :

On *craint* qu'il n'*essuyât* les larmes de sa mère.

Ou au plus-que-parfait :

Je ne *pense* pas que cette affaire *eût réussi* sans votre intervention.

2.me Règle.

Quand le premier verbe est au *parfait* indéfini, le second se met,

1.° A *l'imparfait* du subjonctif, si l'on veut exprimer le présent ou le futur :

J'ai même *défendu,* par une expresse loi,
Qu'on *osât* prononcer votre nom devant moi.

2.° Au *parfait,* si l'on veut exprimer le passé :

Pour réussir dans cette affaire, il *a fallu* qu'ils *aient consulté* des personnes sages, et qu'ils se *soient donné* bien des peines.

3.° Le second verbe peut être au *présent* du subjonctif, si l'on veut exprimer une chose qui se fait ou peut se faire dans tous les temps :

Dieu nous *a donné* la raison, afin qu'elle *dirige* notre conduite.

3.me Règle.

Quand le premier verbe est à l'un des autres

temps passés de l'indicatif ou aux conditionnels, le second verbe se met,

1.° A l'*imparfait* du subjonctif, si l'on veut exprimer un présent ou un futur :

> Qui *croirait* en effet qu'une telle entreprise
> Du fils d'Agamemnon *méritât* l'entremise ;

2.° Au *plus-que-parfait*, si l'on veut exprimer un passé.

> Qu'un peuple tout entier, tant de fois triomphant,
> N'*eût daigné* conspirer que la mort d'un enfant ?

Méritât exprime une chose présente ; et n'*eût daigné*, une chose passée, au moment où Pyrrhus parlait ainsi à Oreste, chargé de lui demander le fils d'Hector.

Emploi des *Verbes auxiliaires* ÊTRE *et* AVOIR,

Avec les Verbes neutres.

Les participes de certains verbes neutres peuvent se construire avec ces deux auxiliaires ; mais le choix n'est pas indifférent. Par exemple : *Ce mot* EST *passé* signifie qu'un mot est vieux, qu'il n'est plus en usage : *Ce mot* A *passé* marque, au contraire, qu'un mot a été introduit, et qu'il a cours dans la Langue. — *Il* A *sorti* se dit de quelqu'un qui est rentré : *Il* EST *sorti*, de quelqu'un qui n'est pas chez lui.

On doit préférer le verbe AVOIR, lorsqu'on veut exprimer *l'action* du sujet ; et le verbe ÊTRE, lorsqu'on veut exprimer *la situation*, *l'état* du sujet, résultant de l'action.

Ainsi on dira : *Après AVOIR demeuré trois ans à Rome, ce peintre est venu à Paris, où il EST demeuré, résolu de n'en plus sortir.*

.... Les orages
Ont cessé de gronder sur ces heureux rivages....
Et du Dieu d'Israël les fêtes *sont cessées....*

C'est d'après cette règle, dit Condillac, qu'on doit choisir entre *il EST accouru, il A accouru; il EST disparu, il A disparu; il nous EST échappé, il nous A échappé; il A descendu, il EST descendu; il A monté, il EST monté,* etc.

SUR LE RÉGIME.

Le même mot peut être *régime direct* de plusieurs verbes à la fois ;

Il prit, quitta, reprit *la cuirasse* et *la haire.*

Ou même *régime indirect,* pourvu que tous ces verbes se lient à leur régime par les mêmes prépositions.

Cet homme bienfaisant *donne* et *distribue* chaque jour *aux* malheureux tous les secours dont ils ont besoin.

Mais la construction devient incorrecte, si le même mot se rapporte à deux verbes dont l'un exige un *régime direct,* et l'autre un *régime indirect.*

L'astronomie, loin de conduire les Babyloniens à la connaissance du Créateur, qui *préside* et *règle* avec tant de sagesse *le mouvement* des corps célestes, les jeta pour la plupart dans les folies de l'astrologie judiciaire.

On devait dire : *qui PRÉSIDE AU MOUVEMENT des corps célestes, et qui LE RÈGLE avec,* etc.

Cet homme *s'*est acquis une bonne réputation, et rendu digne de l'estime des honnêtes gens.

Se est régime indirect du verbe *acquis,* et ne peut être sous-entendu comme *régime direct* de *rendu.* Il fallait dire : *et S'EST RENDU digne,* etc.

Les mêmes observations s'étendent aux adjectifs, aux prépositions et aux adverbes, suivis de mots qui les déterminent.

> Le bonheur le plus grand, le plus digne d'envie,
> Est celui d'être *utile* et *cher* à la patrie.

Cette préposition *à* lie bien le nom *patrie* aux adjectifs *utile* et *cher*. Mais la construction sera incorrecte, si l'on dit : *le bonheur d'être UTILE et CHÉRI DE sa patrie.*

L'homme de loi ne doit point travailler *pour* et *contre* sa partie.

Cette phrase est correcte; mais la suivante ne l'est pas.

L'homme de loi ne doit point travailler *en faveur* et *contre* sa partie.

On dit : *travailler* en faveur de *quelqu'un*, et non pas, *en faveur quelqu'un.*

Les régimes doivent être de la même espèce de mots.

Il aime le jeu et *à danser.* = Je crois votre raison bonne, et *que* vous le convaincrez.

On dirait mieux :

Il aime le jeu et la danse. = Je crois *que* votre raison est bonne, et *que* vous le convaincrez.

* * *

SYNTAXE DE LA PRÉPOSITION.

C'est *à* vous, mon esprit, *à* qui je veux parler.

Dans ce vers, vous voyez deux fois la même préposition, et cependant il n'y a qu'*un seul* rapport à indiquer. En effet, supprimez *ce*, qui ne sert ici qu'à désigner d'une manière plus sensible la chose dont il s'agit, et la phrase se réduira à ces termes : *Je veux parler à* vous, mon esprit, *à* qui....

La première préposition se rapporte à *parler*, la seconde n'a point d'antécédent. Le sens reste suspendu, et la phrase est incorrecte. Au lieu de *à qui*, il fallait *que*.

Ces mots *à qui* font attendre une incidente; ajoutons-en une dans le sens de l'auteur : *Je veux* PARLER *A vous, mon esprit, A qui.... j'ai des défauts à* REPROCHER. Alors la seconde préposition *à* aura pour antécédent *reprocher*; le sens sera complet, et la phrase correcte.

> .... Était-ce *dans* mon âme
> *Où* devait s'allumer une coupable flamme ?

C'est-à-dire : *Une coupable flamme devait-elle s'allumer* DANS *mon âme* où... (*dans* laquelle âme.)

Encore deux fois la même préposition pour indiquer un rapport unique. On devait dire :

> .... Etait-ce dans mon âme
> *Que* devait s'allumer une coupable flamme ?

On ferait la même faute, en disant :

C'est *à* Paris *où* je veux aller. = C'est *là où* je l'ai vu. = C'est *dans* cette maison *où* il demeure habituellement. = Ce sera *de* bons livres *dont* j'aurai besoin. = C'était *de* votre courage *dont* dépendait le succès.

Dans toutes ces phrases, la conjonction *que* doit remplacer les adverbes *où* et *dont*, tous inutiles, puisqu'ils ne se rapportent à aucun *antécédent*.

MALGRÉ.... QUE.

Malgré *que* n'est plus d'usage qu'avec le verbe *Avoir*, précédé de la préposition *En*. Ainsi l'on dit : *malgré qu'il en ait, malgré que j'en eusse.*

Partout ailleurs, il faut remplacer *malgré*, par *quoique, bien que*, et dire : *quoique je fusse, bien que je sois.*

SYNTAXE DE L'ADVERBE.

DONT *et* D'OU.

Suivant le principe énoncé page 73.

On doit dire : *Le jardin* DONT *vous admirez la distribution. — Le jardin* D'OU *vous apercevez la mer. — Le principe* DONT *vous contestez la vérité. — Le principe* D'OU *vous concluez. — L'arbre* DONT *la hauteur vous étonne. — L'arbre* D'OU *ce malheureux enfant est tombé.*

AUTOUR veut toujours après lui la préposition *de*; A L'ENTOUR ne la veut jamais.

. . . . Ses gardes affligés
Imitaient son silence, *autour de* lui rangés.

J'achetai, dit Aristonoüs, là maison où Alcine avait demeuré, avec les champs fertiles qu'il possédait *à l'entour.*

On dit *au travers de* et *à travers le.*

Au travers des périls un grand cœur se fait jour.
A travers les rochers, la peur les précipite. RAC.

SYNTAXE DE LA CONJONCTION.

La conjonction QUE s'emploie souvent sans le verbe qui la précède dans la pensée.

*Qu'*on rappelle mon fils! *qu'*il vienne se défendre!
C'est-à-dire, *je veux, je désire qu'on rappelle mon fils,* etc.

Elle peut, suivant les circonstances, signifier *à moins que, afin que, puisque, soit que, et cependant, pourquoi,* etc. Il faut examiner le sens.

*Qu'*avez-vous donc, dit-il, *que* vous ne mangez pas?
Que est ici pour *puisque.*

La conjonction NI ne s'emploie que dans les phrases négatives.

> Il n'entend *ni* les vents qui sifflent sur sa tête,
> *Ni* le bruit des rochers battus par la tempête.

Il n'est point de mémoire d'un plus rude *ni* d'un plus furieux combat.

L'usage des expressions négatives est difficile, et mérite attention. Il convient de nous y arrêter.

Principales Règles.

1.re Dans les comparatifs d'égalité, marqués par *tant*, *autant*, *si* ou *aussi*, le *que* n'est jamais suivi de *ne*.

Le savoir, dit Aristote, diffère *autant* de l'ignorance, *que* la vie diffère de la mort.

2.° Dans les comparatifs d'inégalité, marqués par *plus*, *moins*, *mieux*, par *autre*, *autrement*, si le premier verbe affirme, le second admet la négation.

> On se voit d'un *autre* œil *qu'*on ne voit son prochain.

QUE est pour DUQUEL AUTRE ŒIL on *ne* voit pas son prochain.

Vous pensez *autrement que* vous *ne* dites.

c'est-à-dire, *d'une manière que vous ne dites pas.* La négation est dans la pensée, et l'usage l'exprime.

Si le premier verbe est négatif, le second rejette la négation.

Vous ne pensez pas *autrement que* vous dites.

c'est-à-dire, *vous ne pensez pas autrement que* de la manière dont *vous dites.*

5.° Après *douter*, *nier*, *désespérer*, *disconvenir*, employés négativement, on met *ne* devant le second verbe.

Je ne nie pas, je ne disconviens pas que vous *ne* soyez instruit,

Si *ne pas nier* est pour *avouer,* le verbe suivant se met à l'indicatif, et rejette la négation.

Je ne vous nierai point que j'ai été surpris et affligé de votre *conduite.*

4.° Après *il s'en faut, il s'en fallait*, etc. accompagnés de *ne* ou de *peu*, on met la négation devant le second verbe.

Peu s'en faut que Mathan *ne* m'ait nommé son père.

Il ne s'en fallait pas cent francs que le compte *ne* s'y trouvât. = Il s'en fallait cent francs que le compte s'y trouvât.

5.° Après *empêcher, ne pas empêcher*, on met la négation.

Empêchez qu'on *ne* m'interrompe.

Cela n'empêche pas qu'elle *ne* me déplaise.

Si *ne pas empêcher* est pour *permettre*, on supprime la négation.

N'empêchez pas qu'il entre.

6.° Après *il ne tient pas*, etc. on met la négation.

Il ne tenait pas à moi qu'on *ne* vous rendît justice.

7.° Après *craindre, appréhender, trembler, avoir peur,* employés négativement, on ne met pas la négation devant le second verbe.

Hélas ! on ne craint point qu'il venge un jour son père.

Lorsque ces verbes affirment, le second verbe prend *ne* seulement, s'il exprime une chose qu'on ne désire pas ; mais on ajoute *pas* ou *point*, si l'on désire la chose.

On craint qu'il *n'*essuyât les larmes de sa mère.

On tremble qu'il *ne* réussisse *pas* dans ses vastes projets.

Sur les mots pas, point.

Ces mots sont de véritables noms : *Je n'irai* PAS, c'est-à-dire, *je n'irai* DE LA LONGUEUR

D'UN pas.—*Je n'irai* POINT, c'est-à-dire, *je n'irai* DE LA VALEUR ou DU VOLUME D'UN *point*.

On les joint souvent à la négation *ne*, dont ils deviennent les compléments; et quoique, dans l'usage ordinaire, on se serve presqu'indifféremment de l'un ou de l'autre, cependant comme, dans la mesure de l'espace, le *point* diffère du *pas*, le sens de ces deux mots, employés pour compléter la négation, diffère aussi dans le discours. *Point* exprime une exclusion totale, et a plus de force que *pas*. *Il ne joue point* se dit d'un homme qui *ne joue jamais*; *il ne joue pas* fait entendre que la personne dont il s'agit, ne joue point actuellement.

D'autres mots peuvent servir à compléter la négation, et alors on supprime *pas* et *point*, comme nous allons le voir.

Dans quels cas doit-on employer la négation *ne*, sans y ajouter *pas* ou *point?*

On doit employer *ne* sans *pas* ou *point*,

1.er Avec *nul, ni, aucun, jamais, guère, plus* pour *désormais* ou *au-delà.*

Nul. *n'*a vu tous ses jours filés d'or et de soie.

2.e Avec *rien, goutte, mot, qui que ce soit, personne* dans un sens exclusif.

Rien *ne* l'arrête. = Il *n'*a bu goutte. = Personne *ne* le pense. = Je *ne* l'ai dit à qui que ce soit.

Si *personne, goutte* ou *mot*, étaient modifiés par des articles ou des adjectifs, *pas* ou *point* pourrait se joindre à *ne*.

Ne voyez-vous *pas* la personne qui vous cherche? = Il *n'*a *pas* bu une goutte. = On *ne* dit *pas* un mot.

Rien, avec l'article, ne complète jamais la négation.

3.e On supprime *pas* ou *point*, avant *que* précédé de *ne* pour signifier *seulement* ou *excepté.*

C'est n'être bon à rien de n'être bon *qu'*à soi. c'est-à-dire, *d'être bon* SEULEMENT *à soi.*

Il *n*'a *point* dû voir l'ennemi qui m'offense ;
Que pour venger ma gloire, ou trahir ma vengeauce.

Point est de trop ; c'est une faute.

4.e Après *que* dans le sens de *pourquoi* ; et après les mots *avant que*, *après que*, *à moins que*, et *si* pour *à moins que*.

Dieux! *que ne* suis-je assise à l'ombre des forêts?

Quel homme, à moins qu'il *ne* soit fou, peut nier l'existence de Dieu?

5.e Après *depuis que*, *il y a... que*, snivis d'un verbe au passé.

Il y a long-temps, il y a deux ans que je *ne* lui ai parlé.

Mais si le verbe est au présent, on ajoute *pas* ou *point*.

Il y a long-temps, il y a deux ans que je *ne* lui parle *point*.

6.e Avec les verbes *cesser*, *oser*, *pouvoir*, *ne* peut être employé seul, ou joint à *pas*, *point*.

Il *n*'ose, *ou* il *n*'ose *pas* tenter l'aventure.

Avec *pas*, le sens négatif paraît exprimé avec plus de force.

7.e Lorsque *savoir* est dans le sens de *pouvoir*, on supprime *pas* ou *point*.

Nous *ne* saurions en venir à bout.

Si *ne savoir* est pris pour *être incertain*, on peut ajouter *pas* ou *point*.

Je ne sais pas, *ou mieux*, je ne sais si j'irai à la campagne.

Mais si *ne savoir* est pris dans son sens propre (*ignorer*), on ajoute *pas* ou *point*.

Je *ne* savais *pas* que vous fussiez parti.

8.° Enfin, on les supprime après *prendre garde*, quand il signifie *prendre ses mesures.*

Prenez garde qu'on *ne* vous trompe.

Mais si *prendre garde* a le sens de *faire réflexion*, on ajoute *pas* ou *point.*

Ce jeune homme ne prend point garde qu'il *ne* doit *pas* être assis, quand ce vieillard est debout.

APPLICATION

DE QUELQUES RÈGLES DE LA SYNTAXE.

Les Grecs et les Romains appelaient les autres peuples *barbares*, c'est-à-dire, *étrangers* : de-là, tout mot étranger mêlé dans la phrase latine ou grecque était appelé *barbarisme.* Nous nous servons de ce terme dans le même sens. On fait un barbarisme

1.° En introduisant des mots inusités... RAFROIDIR pour *refroidir*; ÉDUQUER pour *donner de l'éducation* ; DÉFATIGUER pour *delasser*; PAR CONTRE, DU DEPUIS, PAR APRÈS, au lieu de *au contraire, depuis, après*; VOUS MÉDITES pour *vous médisez*, etc.

2.° En donnant à des mots français un sens que l'usage n'autorise point :

« *Vous avez pour moi des BOYAUX de père*, écrivait un étranger à M. de Fénélon. » L'usage permet de dire *des ENTRAILLES de père*; mais *BOYAUX*, pris dans ce sens, est un barbarisme.

Il a perdu une somme CONSÉQUENTE. Le bon usage ne permet point d'employer *conséquent* pour *considérable. Une somme* ne peut être ni *conséquente* ni *inconséquente.*

Les vaisseaux furent revenus d'Afrique, avant que Zaïde eût *recouvert sa* santé.

Recouvert pour *recouvré* est un barbarisme. *Sa* est une faute, parce que Zaïde ne pouvait recouvrer

ûne autre santé que la sienne. On devait dire :
avant que Zaïde eût RECOUVRÉ LA *santé.*

Le *Solécisme* est une faute contre les règles de
la Syntaxe.

Les *longues* pleurs d'un enfant, *elles* ne sont point
l'ouvrage de la nature.

Longues et *elles* sont des solécismes contre le
genre des noms, puisque *pleurs* est du masculin.

Il venait à *plein* voiles.

Voile de vaisseau est toujours du féminin.

On a dit, en parlant des fenêtres d'une chambre :

Je crus *de* les avoir *entendues* ouvrir.

Deux solécismes de régime : 1.º La préposition
de est de trop ; le verbe *croire* demande· ici un
régime direct. 2.º LES est régime du verbe *ouvrir,*
et non du participe *entendues;* on devait dire :

Je crus un jour les avoir *entendu* ouvrir.

Nous avions craint que quelqu'étranger ne *viendrait* faire
la conquête de l'isle de Crète.

. Le conditionnel *viendrait* est un solécisme ;
après *craindre,* il faut toujours le subjonctif.

Nous avions craint que quelqu'étranger ne *vînt,* etc.

Il voulait que j'*allas* chez lui. = Il fallait que je lui *tins*
parole. = Il faudrait que je *connus* votre affaire.

Allas, tins, connus, employés pour la première
personne de l'imparfait du subjonctif, sont autant
de solécismes. Il faut prononcer et écrire :

J'*allasse,* je *tinsse,* je *connusse.*

> Ci-gît un des plus grands héros
> Qui jamais *ait* servi la France.

Dans cette construction, le pronom *qui* se rapporte nécessairement au pluriel *héros,* et non pas
à *un;* on doit écrire *aient.*

L'intention de l'écrivain était-elle de donner la supériorité au héros dont il parlait ? il eût exprimé plus nettement sa pensée, en disant : *Ci-gît* LE *plus grand héros qui jamais ait servi la France.*

Denis, informé de la marche d'Héloris, le *surprend* de grand matin, avant qu'il *eût pu* ranger son armée.

Il fallait *surprit* au premier verbe, ou *qu'il* AIT PU au second.

Que cet heureux instant me doit être *bien* doux !

Après *que* pour *combien, à quel point*, l'adjectif ne doit pas être précédé des adverbes *très, bien, fort;* dites : *Que cet heureux instant doit m'être doux!*

Afin que *nuls* de ceux qui ont de la justesse, de la vivacité,... ne *puissent* être arrêtés dans la lecture des caractères.

Les articles négatifs *nul, aucun*, n'ont que le singulier, et de leur nature répugnent au pluriel... *afin que* NUL... *ne* PUISSE, etc.

Ils sont arrivés *auparavant* midi.

Dites, AVANT *midi. Auparavant* ne doit jamais être suivi d'un complément.

Je me rappelle très-bien *de* cette histoire.

La préposition *de* est de trop : *se rappeler (rappeler à soi)* veut un régime direct. *Je me rappelle cette histoire.* Ainsi cette phrase : *Je m'en rappelle,* énoncée sans un régime direct de *rappeler*, est incorrecte; *cette histoire, je l'ai lue, et je m'*EN *rappelle.* Dites, *et je me* LA *rappelle;* ou ajoutez un régime direct; par exemple, *et je m'en rappelle* LES PRINCIPAUX TRAITS.

Le prix de ces objets est de six francs *chaque,*

On doit dire *chacun.* Il ne faut pas confondre ces deux expressions.

Chaque est un adjectif, qui s'emploie toujours avant et avec le nom auquel il se rapporte : *A* CHAQUE JOUR *suffit sa peine.*

Chacun, pronom indéfini, s'emploie absolument et sans substantif.

Chacun à son métier doit toujours s'attacher.

Il serait facile, mais ici trop long de multiplier ces sortes d'observations grammaticales. Terminons-les par quelques préceptes de Boileau, ce grand maître qui a si puissamment contribué au perfectionnement de la Langue française.

> Sur-tout qu'en vos écrits la Langue révérée
> Dans vos plus grands excès vous soit toujours sacrée,
> En vain vous me frappez d'un son mélodieux,
> *Si le terme est impropre, ou le tour vicieux.*
> Mon esprit n'admet point un pompeux *barbarisme,*
> Ni d'un vers ampoulé l'orgueilleux *solécisme.*
> Sans la Langue, en un mot, l'auteur le plus divin
> Est toujours, quoi qu'il fasse, un méchant écrivain.

FIN DE LA SECONDE PARTIE.

TROISIÈME PARTIE.

DE LA PROPOSITION.

L'OBJET de la Syntaxe est de bien exprimer les jugements, c'est-à-dire, de bien former les propositions. Examinons donc ce que c'est que la *proposition*, quelles en sont les parties principales, les parties accessoires, et les différentes espèces.

Revenons à l'exemple cité, page 21.

Philémon, vertueux.

De ces deux mots, le premier offre à l'esprit l'*idée* d'une personne ; le second, l'idée d'une qualité (1). Pour voir si ces deux idées se conviennent (2), l'esprit les rapproche, les examine, les *compare*. Le résultat de cette comparaison est un jugement (3).

Si, après avoir *jugé*, on prononce ou l'on écrit : *Philémon était vertueux*; on forme une *proposition*(4).

La *proposition* est donc un *jugement écrit* ou *parlé*. La proposition a trois termes essentiels (5),

____

(1) *Qualité* signifie une modification quelconque des personnes ou des choses, leur manière d'être ou d'agir.   (Voy. l'adj., page 10).

(2) C'est-à-dire, si *Philémon*, par son caractère et sa conduite, par ses sentimens et ses actions, mérite le titre, la *qualité* exprimée par l'adjectif *vertueux*.

(3) Le *jugement* est le rapport aperçu entre des idées qui s'offrent en même-temps à l'esprit.

(4) C'est-à-dire, suivant la signification du mot latin *pro-positio*, on *met en avant*, on produit au dehors, on manifeste le jugement jusqu'alors renfermé dans l'esprit.

(5) Puisque la *proposition* exprime le résultat d'une comparaison, un *jugement*, elle comprend les deux termes comparés, et un troisième terme qui énonce leur rapport.

le *sujet*, l'*attribut* et le *verbe* : le *sujet* (1), qui présente à notre esprit l'idée de la personne ou de la chose, dont il est question ; l'*attribut*, qui exprime ce qu'on dit de cette personne ou de cette chose ; le *verbe*, qui affirme que l'*attribut* convient au *sujet*, ou ne lui convient pas (2).

Ces trois termes ne sont pas toujours exprimés dans le discours ; mais ils existent nécessairement dans la pensée ; par exemple, le mot *chantez*, renferme, quoique seul, une *proposition*. Pourquoi ? parce qu'il équivaut à ces trois termes : *Vous, soyez chantant* (page 23). C'est ainsi que l'analyse logique (3) nous conduit à l'ordre grammatical.

DES TERMES DE LA PROPOSITION.

Par *sujet* (4), on entend tous les mots qui expriment la personne ou la chose dont il est question.

Le soleil est brillant. = *Sujet*, le soleil.

Par *attribut* on entend tous les mots qui expriment la qualité, l'*état* ou l'*action* du sujet.

Le soleil est *brillant.* Dans cette proposition, *brillant* est l'attribut. Le verbe *est* unit l'attribut au sujet, et ne fait partie ni de l'un ni de l'autre.

Mais, au lieu du verbe *être*, on emploie très-souvent un *verbe-adjectif* (page 23) qui, outre

---

(1) *Sujet*, (SUB-JECTUM) l'idée *soumise* la première aux opérations de l'esprit, qui doit former sur elle un jugement.

(2) Si l'on *juge* que l'*attribut* ne doit pas être dit du *sujet*, le verbe est précédé de la négation *ne*. *Philémon n'était pas impie.*

(3) L'analyse *grammaticale* (page 77) examine séparément chaque mot ; l'analyse *logique* examine la proposition dans son ensemble, et considère moins les mots que les idées.

(4) Le sujet *grammatical* (page 22) répond au *nominatif* et au *vocatif* du grec et du latin. Le sujet *logique*, dont il s'agit ici, a une compréhension plus étendue, comme nous le verrons bientôt.

l'existence et l'affirmation, énonce une action du sujet. Dans l'analyse de la proposition, le participe qui exprime cette action du sujet, fait partie de l'*attribut*, dont il est même le mot principal.

Le soleil ÉCLAIRE *le monde.*

C'est-à-dire, *le soleil est* ÉCLAIRANT *le monde.*

Sujets et attributs simples ou composés.

Le sujet est *simple*, quand il exprime
1.º Un seul objet (une personne ou une chose).

Le secret ne peut point excuser nos erreurs;
Et *notre premier juge* est au fond de nos cœurs.

2.º Ou collectivement plusieurs objets semblables, compris sous la même idée.

Les Français sont braves.

Ici, le *sujet* présente collectivement les individus qui composent la nation Française; il est donc encore *simple*.

Pour rendre le discours plus élégant et plus concis, on réunit plusieurs *sujets* différents, auxquels on donne le même *attribut;* alors le *sujet* est composé.

Philémon et *Baucis* étaient vertueux.

Philémon, sujet; *Baucis*, autre sujet. Le *sujet total* est donc *composé* de deux sujets, dont chacun pourrait devenir le sujet d'une proposition simple.

Philémon était vertueux, *Baucis* était vertueuse.

Les qualités du cœur, l'exacte probité,
Sont l'âme et le lien de la société.

Les *attributs* se divisent aussi en *simples* et en *composés*.

L'*attribut* n'exprime-t-il qu'une seule qualité ou modification du sujet? il est *simple*.

Les Français sont *braves.*

Braves n'exprime qu'une seule qualité des Français; cet attribut est donc *simple*.

L'*attribut* est *composé*, s'il exprime différentes qualités du même sujet.

D'Aumale est plus ardent, plus fort, plus furieux ;
Turenne est plus adroit et moins impétueux.

Dans la première proposition, *l'attribut total* est *composé* de trois attributs dont chacun peut devenir l'attribut d'une proposition simple.

D'Aumale est *ardent.* Il est *fort.* Il est *furieux.*

La seconde proposition, *Turenne,* etc., n'a que deux attributs, *plus adroit, moins impétueux.*

***

Sujets et attributs incomplexes ou complexes.

Le *sujet* est *incomplexe*, lorsqu'il est exprimé en un seul mot, *nom, pronom,* ou *verbe à l'infinitif.*

Les (*) *fleurs* sont agréables : le *soleil* brille.

L'*attribut* est *incomplexe*, lorsque la qualité est exprimée en un seul mot, c'est-à dire, par un adjectif précédé du verbe *être,* ou par un verbe-adjectif.

(*) Les articles *le, la, les* et *un,* n'ajoutent aucune idée nouvelle au nom commun, et avertissent seulement qu'il s'agit d'*individus;* ils ne rendent pas le *sujet complexe.*

Dans les deux derniers exemples, *l'attribut* est *incomplexe*. Il l'est aussi dans les deux suivants:

Tout Israël *périt; pleurez, mes tristes yeux.*

Le *sujet* est *complexe*, lorsque le nom, le pronom, ou l'infinitif, sont accompagnés d'autres mots qui en expliquent ou en déterminent la signification.

L'astre *brillant du jour* à l'instant s'obscurcit.
Craindre Dieu est le commencement de la sagesse.

Qu'on dise : *Le vainqueur* était ambitieux;

Dans cette proposition, le *sujet* est *incomplexe*, mais le sens n'est pas clair. De quel vainqueur parle-t-on ? Ce mot a une signification générale, applicable à différents individus. Mais si j'ajoute, *de Darius*, alors on voit de *quel guerrier* je parle. Ces deux mots restreignent la signification du mot *vainqueur*, et rendent le sujet *complexe*.

Le vainqueur de Darius était ambitieux.

L'*attribut* est *complexe*, quand le mot qui exprime une modification du sujet, est *accompagné d'autres mots qui en déterminent la signification.*

Le vainqueur de Darius était *rempli....*

Cet *attribut* ne présente qu'une idée vague. Vous la déterminerez, vous la rendrez précise en ajoutant *d'ambition*. Cette idée accessoire rendra l'attribut *complexe*.

Le vainqueur de Darius était rempli *d'ambition.*

Dans cette proposition, le *sujet* et *l'attribut* sont donc tous les deux *complexes.*

Malgré cette *complexité*, ils demeurent toujours *simples*, l'attribut n'exprimant qu'*une seule qualité*, et cette qualité n'étant affirmée que d'*un seul sujet*, *le vainqueur de Darius.*

Souvent, pour donner au discours plus d'élégance ou plus d'énergie, on rend ainsi en plusieurs mots *une idée* qu'on aurait pu rendre en un seul. Par exemple, la proposition que nous analysons en ce moment, pourrait être réduite à cette expression simple : *Alexandre était ambitieux* ; et alors le *sujet* et l'*attribut* sont *simples* et *incomplexes*.

Le même raisonnement peut s'appliquer à l'exemple qui suit.

Celui qui perd le souvenir d'un bienfait reçu, inspire de l'horreur.

Cette proposition a pour sujet total ces neuf mots : *Celui qui perd le souvenir d'un bienfait reçu ;* et pour attribut, *inspire de l'horreur.* Le sujet et l'attribut sont donc *complexes*, sans cesser d'être *simples.* Voulez-vous les rendre *incomplexes*, en conservant la même pensée? dites :

L'ingrat *est détesté.*

Encore un exemple pour rendre ces distinctions sensibles.

Cicéron *était éloquent.*

Voilà un sujet et un attribut *incomplexes.* Mais à ce mot *Cicéron*, substituez un titre qui le distingue si parfaitement que l'attention ne puisse s'arrêter sur une autre personne ; développez aussi l'idée que présente l'adjectif *éloquent*, et vous aurez deux termes *complexes*, comme dans la proposition suivante :

Le prince des Orateurs Romains possédait l'art de bien dire, et de persuader.

Mêmes observations sur les exemples suivants.

L'inclination à faire du bien aux autres mérite d'être chérie. = Les gens qui n'aiment qu'eux, ne sont pas ceux qu'on aime. = L'astre du jour répand sa lumière.

Ces trois propositions peuvent être ainsi réduites :

La bienfaisance est aimable. = Les égoïstes ne sont pas aimés. = Le soleil brille.

On peut concevoir une Langue assez riche, assez abondante pour rendre ainsi par un seul mot chaque idée particulière; mais il n'en existe sans doute aucune; et dans la nôtre même, on est souvent obligé de réunir plusieurs mots qui ne présentent ensemble qu'*une seule idée*.

Propositions simples ou *composées, incomplexes* ou *complexes.*

La proposition est *simple* et *incomplexe*, quand les deux termes le sont, comme dans ce vers :

Les destins sont contents, Oronte est malheureux.

La proposition est *composée*, lorsque le *sujet* ou l'*attribut*, ou les deux ensemble se trouvent composés.

Les soucis dévorants, les regrets, les ennuis,

En des gouffres de maux le plongent à toute heure.

Cette proposition est *composée* par son *sujet* seulement.

Hippolyte lui seul, digne fils d'un héros,
Arrête ses coursiers, *saisit* ses javelots.

Voilà une proposition *composée* par son *attribut*.

Français, Anglais, Lorrains (que la fureur assemble),
Avançaient, combattaient, frappaient, mouraient ensemble.

Proposition *composée* par ses deux termes.

La proposition est *complexe*, lorsque le *sujet* ou l'*attribut*, ou les deux ensemble, renferment plusieurs mots dont les uns modifient les autres.

Tout Israël périt; pleurez, *mes tristes yeux !*

Deux propositions *complexes* par le *sujet* seulement.

La vertu *d'un cœur noble est la marque certaine.*

Proposition *complexe* seulement par son *attribut.*

J'entre dans un jardin.... une agréable impression éveille tous mes sens : l'éclat de la rose frappe ma vue, la fraîcheur du gazon flatte ma main, le parfum de l'œillet réjouit mon odorat, le jus délicat de la pêche rafraîchit mon palais, le chant mélodieux du rossignol charme mon oreille.

De ces sept propositions, la première n'est *complexe* que par son *attribut ;* toutes les autres sont *complexes* et par l'*attribut* et par le *sujet ;* toutes, elles sont *simples* par les deux termes.

PROPOSITIONS *principales, incidentes, subordonnées.*

Après avoir examiné la proposition dans ses éléments et dans son ensemble, la Grammaire considère les propositions liées de manière à ne former qu'un tout.

On nomme *principale* la proposition à laquelle se rapportent d'autres propositions qui, sans elle, ne pourraient ni former un sens complet, ni même exister.

> Quand on est délicat et sage dans ses goûts,
> *On ne s'attache pas sans savoir* qui l'on aime.

Supprimez cette proposition : *On ne s'attache pas sans savoir*, les deux autres n'offriront qu'un sens imparfait.

Ces propositions subalternes sont nécessairement dépendantes de la *principale ;* et en ne les envisageant que sous ce point de vue, on pourrait leur donner une seule et même dénomination ; mais sous le rapport de la construction et du style, elles ont des différences si marquées qu'il ne doit pas être permis de les confondre.

Toutes les propositions qui se rapportent à une *principale*, nous les diviserons en deux espèces : les unes sont *subordonnées ;* les autres, *incidentes.*

Proposition subordonnée. La *subordonnée* est celle qui modifie le sens entier de la *principale*, en y ajoutant l'idée de quelque circonstance de temps, de cause, de moyen, etc.

Dans l'exemple précédent, le premier vers renferme une *subordonnée.* La *subordonnée* ne tombe sur aucun mot en particulier, et ainsi peut être placée tantôt avant la *principale*, tantôt après, quelquefois entre le sujet et l'attribut, suivant ce qu'exige ou la clarté, ou l'harmonie, ou l'élégance du style.

Exemple de ces trois constructions.

1.re *Quand on est délicat et sage dans ses goûts,* on ne s'attache pas sans savoir qui l'on aime.

2.me On ne s'attache pas sans savoir qui l'on aime, *quand on est délicat et sage dans ses goûts.*

3.me On ne s'attache pas, *quand on est délicat et sage dans ses goûts,* sans savoir qui l'on aime.

Enfin la *subordonnée* se joint à la *principale* par des expressions conjonctives qui ne peuvent se rapporter qu'à des phrases entières : telles sont, *lorsque, quand, avant que, parce que, afin que, tant que,* etc. (Voyez page 76).

Proposition incidente. La proposition *incidente* est celle qui *tombe sur* quelque mot d'une proposition principale.

Elle ne peut être énoncée avant son antécédent, c'est-à-dire avant le mot sur lequel elle tombe.

Toujours elle se lie à la principale par quelque pronom relatif ou autre terme conjonctif, qui puisse se rapporter à un mot : tels sont, *qui, que, lequel,* etc.; et leurs équivalents *où, dont,*

comment, pourquoi, etc., et la conjonction *si,* quand
elle exprime le doute, l'incertitude.

> Sous des arbres, *dont la nature*
> *A formé de riants berceaux,*
> Entre des tapis de verdure,
> *Que nourrit la fraîcheur des eaux,*
> Serpente avec un doux murmure
> Le plus transparent des ruisseaux.

Proposition principale : Le plus transparent des
ruisseaux serpente avec un doux murmure sous
des arbres, entre des tapis de verdure.

La 1.ʳᵉ incidente, *dont la nature,* etc., a pour
antécédent *arbres ;* la 2.ᵐᵉ, *que nourrit,* etc., a
pour antécédent *tapis de verdure.*

EXEMPLES *des trois sortes de propositions.*

Princip.   Voyons (*incid.*) comment vos cœurs sublimes
                Du sort soutiendront le retour.
Subord.   Tant que sa faveur vous seconde,
1.ʳᵉ *Princip.* Vous êtes les maîtres du monde ;
2.ᵉ *Princip.* Votre gloire nous éblouit.

Tâchons de montrer, d'une manière plus précise,
les caractères qui distinguent ces trois sortes de
propositions.

> Tandis que vous vivrez, le sort, qui toujours change,
> Ne vous a point promis un bonheur sans mélange.

Supprimez cette proposition : *Le sort ne vous
a point promis un bonheur sans mélange ;* les
autres, loin d'offrir un sens parfait, ne pourront
même pas exister, puisqu'elles la supposent nécessairement : cette proposition est donc la *principale.*

> Tandis que vous vivrez.....................

1.º Cette proposition est liée à la *principale*
par une expression qui ne peut se rapporter qu'à
une phrase entière, *tandis que,* etc.

2.º Elle ne tombe sur aucun mot à la suite duquel
il soit indispensable de la placer.

3.º Elle ajoute l'idée d'une *circonstance* de temps à l'action principale.

4.º Elle peut occuper différentes places dans la phrase ; en effet, on peut dire :

Le sort, qui toujours change, ne vous a point promis, *tandis que vous vivrez*, un bonheur sans mélange ; *ou*, ne vous a point promis un bonheur sans mélange, *tandis que vous vivrez*.

Cette proposition est donc une *subordonnée*.

.... qui toujours change....

Cette dernière proposition modifie une seule idée. Elle a pour antécédent, *le sort*, à la suite duquel il est indispensable de l'énoncer. Il serait ridicule de dire :

Tandis que vous vivrez, *qui toujours change*, le sort...

ou bien :

Le sort ne vous a point promis un bonheur sans mélange, *qui toujours change*.

C'est donc une proposition *incidente*.

A l'article conjonctif *qui*, substituez une expression qu'on ne puisse rapporter qu'à une phrase ; et d'*incidente* la proposition deviendra *subordonnée*.

Le sort, parce qu'il change toujours, *ne vous a point promis un bonheur sans mélange*.

On distingue deux espèces de propositions incidentes : les unes sont explicatives ; les autres, *déterminatives*.

Incid. explicat. L'incidente est *explicative*, quand on peut la retrancher sans changer la vérité, sans altérer la signification des mots sur lesquels elle tombe.

.... Le sort, *qui toujours change*, Ne vous a point promis un bonheur sans mélange.

Supprimez cette incidente, *qui toujours change*, la proposition principale restera complète, et le sens

également vrai, parce que l'antécédent *le sort* exprimera la même idée qu'auparavant.

Même observation sur les vers déjà cités :

Sous des arbres, *dont la nature,* etc.

Incid. dét. L'incidente *déterminative* restreint à
une étendue moins générale la signification de son
antécédent, et par cette raison, ne peut être
supprimée.

Ainsi dans ces vers de La Fontaine :

Il *(le Sage)* lit au front de *ceux.............*

Si l'on s'arrête au mot *ceux,* le sens reste suspendu. Ajoutez, *qu'un vain luxe environne,* cette
incidente *détermine* la signification de *ceux,* et fait
connaître de quelle espèce d'hommes on parle.

Mais les premiers mots de la phrase ne sont
pas eux-mêmes déterminés. *Il lit.....* quoi? *que la
Fortune vend....* Cette dernière incidente commence
à fixer le sens du verbe *lit;* mais l'esprit incertain
attend encore à connaître ce que *vend la Fortune.*
Ces deux incidentes : *qu'on croit....qu'elle donne,*
complétent l'expression de la pensée, et *déterminent* le sens de toute la phrase.

Il lit au front de ceux *qu'*un vain luxe environne,
Que la Fortune vend ce *qu'*on croit *qu'*elle donne.

Voilà quatre incidentes, toutes indispensables
pour le sens; elles sont donc toutes *déterminatives.*

Ainsi, l'*incidente déterminative* ne peut être
retranchée, sans que le sens du mot sur lequel
elle tombe, ne soit trop vague ou même faux;
au lieu que l'*incidente explicative,* qui n'ajoute et
ne change rien à la signification primitive de son
antécédent, peut être supprimée sans altérer la
vérité de la proposition dont elle modifie un terme.

Une incidente peut être modifiée par d'autres
incidentes. En effet, dans les vers précédents, les

deux premières incidentes, *qu'un vain luxe environne*, et *que la Fortune vend*, tombent sur la principale : *Il lit au front de ceux ;* et la seconde incidente *que la Fortune vend ce*, est modifiée par la troisième *qu'on croit*, qui l'est elle-même par la quatrième *qu'elle donne.*

L'incidente peut aussi modifier une proposition subordonnée, comme dans l'exemple suivant où les quatre premiers vers forment une *subordonnée*, le troisième et le quatrième, une *incidente déterminative* du nom commun BORDS. La dernière proposition principale renferme une *incidente explicative.*

Quand le premier chantre du monde (*Orphée*)
Expira sur les bords glacés
Où l'Hèbre effrayé, dans son onde,
Reçut ses membres dispersés ;
Le Thrace, errant sur les montagnes,
Remplit les bois et les campagnes
Du cri perçant de ses douleurs ;
Les champs de l'air en retentirent ;
Et dans les antres, *qui* gémirent,
Le Lion répandit des pleurs.

Plusieurs incidentes peuvent se rapporter au même antécédent.

Tel fut cet Empereur (*Titus*) sous *qui* Rome adorée
Vit renaître les jours de Saturne et de Rhée ;
Qui rendit de son joug l'univers amoureux ;
*Qu'*on n'alla jamais voir sans revenir heureux ;
Qui soupirait le soir, (si sa main fortunée
N'avait par ses bienfaits signalé sa journée. *Subord*).

Ces quatre incidentes tombent sur le même antécédent, *Empereur,* sujet de la proposition principale, et le sens est très-clair.

L'incidente ne se rapporte pas toujours au mot qui la précède immédiatement ; quelquefois elle modifie une idée exprimée en plusieurs mots, comme dans l'exemple suivant :

Cette sagesse (de Turenne) était la source de tant de prospérités éclatantes : elle entretenait *cette union des soldats avec leur chef, qui* rend une armée invincible ; elle répandait dans les troupes *un esprit de force, de courage et de confiance, qui* leur faisait tout souffrir, tout entreprendre dans l'exécution de ses desseins.

Observations sur l'emploi et la place des incidentes.

Les incidentes doivent être placées immédiatement après les mots auxquels elles se rapportent. On ne peut manquer à cette règle sans rompre la liaison des idées, et quelquefois même sans produire des équivoques ridicules.

Je goûtais des délices dans ces commencements que je n'avais pas imaginées.

Cette incidente, mal-à-propos séparée de délices, cause une équivoque, parce qu'elle paraît tomber sur *ces commencements.* On pouvait dire :

Je goûtais, dans ces commencements, ou bien, *dans ces commencements je goûtais des délices que je n'avais pas imaginées.*

Il y a un air de vanité et d'affectation dans cet auteur qui gâte ses ouvrages.

L'incidente semble se rapporter à *cet auteur,* tandis que par le sens elle doit modifier l'idée totale exprimée par ces mots : *Un air de vanité et d'affectation.* On devait dire : *Il y a, dans cet auteur, un air de,* etc.

Même faute dans les phrases suivantes :

Il parut alors une *beauté* à la cour *qui* attira les yeux de tout le monde.

En enseignant la géographie aux jeunes gens, on peut leur conter quelqu'*histoire remarquable* sur les principales villes *qui* y attache leur mémoire.

Il est encore important de remarquer que, dans les phrases où plusieurs incidentes se rapportent à des antécédents différents, il est difficile d'éviter l'obscurité et la confusion.

La poésie, *qui* avait brillé avec tant d'éclat sous les yeux d'Auguste, demeura comme éteinte dans les ténèbres de la barbarie, *qui* amena du fond du Nord ce déluge de nations féroces *qui*, des débris de l'empire Romain, forma la plupart des royaumes *qui* subsistent aujourd'hui dans l'Europe.

Le 1.ᵉʳ de ces *qui* se rapporte à *poésie*, le 2.ᵉ à *barbarie*, le 3.ᵉ à *déluge de nations féroces*, le 4.ᵉ à *royaumes*. Tant de rapports différents embarrassent l'esprit, et le fil des idées lui échappe.

Propositions *absolues*, propositions *elliptiques*.

La proposition est *absolue*, lorsque seule, sans le secours d'aucune autre, elle exprime complétement une pensée.

La raison dans mes vers conduit l'homme à la foi...

Le ton de la bonne conversation est d'être savant sans pédanterie, gai sans tumulte, poli sans affectation.

La proposition *elliptique* est celle où l'on supprime un ou plusieurs mots, pour ajouter à la précision sans rien ôter à la clarté.

Contre tant d'ennemis que vous reste-t-il ? *moi.*

Ce *moi*, est pour *je me reste.*

Apprenons de nos malheurs à jouir des moindres biens ; de nos fautes, à n'en plus commettre ; de nos ennemis, à réformer notre conduite ; et des méchants, à mieux sentir le prix des bons.

Le verbe *apprenons* est sous-entendu devant de *nos fautes*, de *nos ennemis*, et *des méchants*.

Qui sert bien son pays, n'a pas besoin d'aïeux...

C'est-à-dire, l'homme qui sert bien, etc.

Je t'aimais, inconstant ; qu'aurais-je fait, fidèle ?

On voit aisément que le sens est : *Je t'aimais, quoique tu fusses inconstant ; qu'aurais-je fait, si tu avais été fidèle ?*

> Le Nil a vu sur ses rivages
> Les noirs habitants des déserts
> Insulter, par leurs cris sauvages,
> L'astre éclatant de l'Univers.... *Prop. absolue.*
> Cris impuissants ! fureurs bizarres !

Ce dernier vers renferme deux propositions elliptiques : *Ces cris étaient impuissants.... ces fureurs étaient bizarres.*

∿∿∿∿∿∿∿∿∿∿

DE LA PÉRIODE (1).

La *période* est une phrase (2) composée de plusieurs propositions, tellement liées ensemble que les unes supposent les autres pour exprimer un sens parfait.

______

(1) Περιοδος, chemin circulaire. — Circuit. — Tour.

En effet, la période est une espèce de cercle que décrit une phrase dont les parties se développent successivement jusqu'à la conclusion, qui complète l'expression de la pensée.

On appelle *discours* ou *style périodique*, celui qui a du nombre, de l'harmonie, ou qui est composé de *périodes* travaillées avec art, (Voy. l'exorde de l'Oraison funèbre de *Turenne*, par *Fléchier*.)

(2) La *phrase* diffère de la *proposition* : la même pensée, le même jugement peuvent être rendus par des *phrases* différentes : *Je me promenais tous les jours à la campagne. — Tous les jours je me promenais à la campagne. — A la campagne, je me promenais tous les jours.»*

Voilà 3 *phrases* différentes ; mais il n'y a qu'une *seule proposition* ; le sujet et l'attribut sont toujours les mêmes.

La période se compose de *membres* et d'*incises*. On appelle *membres* de la période les propositions qui y sont comprises comme *parties principales*.

Ils sont distingués par un repos très-sensible.

On appelle *incises* les sections ou parties accessoires, peu étendues, qui concourent quelquefois à former un membre de la période (1).

Après les *incises*, le repos est plus court qu'après le membre; il est presqu'insensible.

Si la terre, quinze ans de ma gloire occupée,
Révéra dans ma main le sceptre avec l'épée,
Dans cette même main qu'un usage jaloux
Destinait au fuseau, sous la loi d'un époux ;   1.er *m.*
Si j'ai, de mes sujets surpassant l'espérance,
De cet empire heureux porté le poids immense; 2.e *m.*
Je (Sémiramis) vais le partager, pour le mieux maintenir,
Pour étendre sa gloire aux siècles à venir,
Pour obéir aux Dieux, dont l'ordre irrévocable
Fléchit ce cœur altier, si long-temps indomptable. 3.e *m.*

Dans cette période, le 1.er membre est une subordonnée, qui renferme une incidente ; le 2.e membre est encore une subordonnée; le 5.e membre est la proposition principale, qui renferme trois incises : *Pour le mieux maintenir....pour étendre.... pour obéir.....,* etc. *Incises,* qui équivalent à trois subordonnées : *Pour que je le maintienne....pour que j'étende.... pour que j'obéisse....*

Lorsque, dans une période, les subordonnées ont très-peu de développement et d'étendue, elles peuvent être regardées comme de simples *incises*.

1.er MEMBRE.

1.re *incise....* Là, soit que le soleil rendît le jour au monde,
2.e .... Soit qu'il finît sa course au vaste sein de l'onde;

2.e MEMBRE.

Sa voix faisait redire aux échos attendris
Le nom, le triste nom de son malheureux fils !

____

(1) Les *incises* font partie des membres de la période, comme les doigts font partie de la main.

(150)

Décomposons une période : réduisons-la, par l'analyse, à des phrases simples, placées sans art les unes à côté des autres : c'est le moyen de mieux concevoir ce mécanisme, si savant et si admirable dans les ouvrages des grands Ecrivains, tant anciens que modernes.

Considérez-vous une carte universelle? Vous sortez du pays où vous êtes né. Vous sortez du lieu qui vous renferme. Vous parcourez ensuite toute la terre habitable. Par la pensée, vous l'embrassez avec toutes ses mers. Vous l'embrassez par la pensée avec tous ses pays. Considérez-vous de la même manière l'abrégé chronologique? Vous sortez des bornes de votre âge. Vous vous étendez dans tous les siècles.

Remarquez comme Bossuet, au moyen de quelques expressions conjonctives et de prépositions, réunit toutes ces *phrases détachées* , et en forme un ensemble qui plaît à la raison et à l'oreille.

Comme en considérant une carte universelle, vous sortez du pays où vous êtes né, *et* du lieu qui vous renferme, *pour* parcourir toute la terre habitable, *que* vous embrassez par la pensée avec toutes ses mers *et* tous ses pays (1.ᵉʳ *membre*); *ainsi, en* considérant l'abrégé chronologique, vous sortez des bornes de votre âge, *et* vous vous étendez dans tous les siècles (2.ᵉ *membre*).

Décomposons encore une période où d'Aguesseau nous montre ce qu'ont fait Démosthène et Cicéron pour devenir de grands orateurs.

Démosthène et Cicéron n'ont compté pour rien les travaux de l'enfance. Ils ont commencé les sérieuses, les véritables études dans le temps où nous les finissons. Ils n'ont pas regardé la jeunesse comme un âge destiné par la nature au plaisir et au relâchement. Ils l'ont regardée comme un temps que la vertu consacre au travail et à l'application. Ils ont fait de tout ce que les hommes chérissent le plus, un digne sacrifice à l'amour de la science, et à l'ardeur de s'instruire. Ils sont devenus invisibles pour un temps. Ils se sont réduits eux-mêmes dans une captivité volontaire. Ils se sont ensévelis tout vivants dans une profonde retraite. Ils voulaient dans cette retraite préparer de loin des armes toujours victorieuses. Voilà ce qu'ils ont fait.

Voilà *dix propositions détachées* : toutes elles tendent au même but, et par conséquent sont de nature à se réunir, à se lier les unes aux autres pour l'expression d'un sens total. D'Aguesseau se sert d'un moyen très-simple pour enchaîner ces parties éparses d'une longue énumération, et en former un tout aussi élégant que régulier. Il emploie au *mode infinitif* les verbes que vous venez de voir au *parfait indéfini ;* et ces infinitifs deviennent autant de *sujets* de la même proposition, autant de *membres* de la même période.

Ne *compter* pour rien (1) les travaux de l'enfance, *et commencer* les sérieuses, les véritables études dans le temps où nous les finissons (1.ᵉʳ *membre*); *regarder* la jeunesse, *non* comme un âge destiné par la nature au plaisir et au relâchement, *mais* comme un temps que la vertu consacre au travail et à l'application (2.ᵉ *membre*); *faire*, de tout ce que les hommes chérissent le plus, un digne sacrifice à l'amour de la science et à l'ardeur de s'instruire (3.ᵉ *membre*); *devenir* invisible pour un temps, se *réduire* soi-même dans une captivité volontaire, *et s'ensévelir* tout vivant dans une profonde retraite, *pour* y préparer des armes toujours victorieuses (4.ᵉ *membre*) : voilà ce qu'ont fait les Démosthène et les Cicéron (5.ᵉ *membre*).

Même construction, même division de membres dans la période suivante :

Avoir parcouru l'un et l'autre hémisphère, *traversé* les continents et les mers, *surmonté* les sommets sourcilleux et ces montagnes embrâsées où des glaces éternelles bravent également et les feux souterrains et les feux du Midi (1.ᵉʳ *membre*); s'*être livré* à la pente précipitée de ces cataractes écumantes dont les eaux suspendues semblent moins rouler sur la terre que descendre des nues (2.ᵉ *membre*); *avoir pénétré* dans ces vastes déserts, dans ces solitudes où l'on trouve à peine quelques vestiges de l'homme, où la nature accoutumée au plus profond silence, doit être étonnée de s'entendre interroger pour la première fois (3.ᵉ *membre*);

---

(1) *Compter pour rien* paraît plus correct que *ne compter pour rien.*

avoir plus fait, en un mot, pour la gloire des lettres que l'on ne fit jamais pour la soif de l'or (4.ᵉ *membre*) : voilà ce que connaît de vous l'Europe, et ce que dira la postérité (5.ᵉ *membre*).　　　　(Buffon à M.ʳ de la Condamine.)

Cherchez-vous les *INCISES ?* le 1.ᵉʳ membre en a trois : *Avoir parcouru..., avoir traversé..., avoir surmonté les....* Le dernier membre en a deux : *Voilà ce que connaît..., et ce que dira....*

Dans la période de d'Aguesseau, le 1.ᵉʳ membre a deux *INCISES* : *Ne compter..., commencer les sérieuses....* Le 4.ᵉ en a trois : *Devenir invisible..., se réduire..., s'ensévelir....*

DES COMPLÉMENTS.

Par *complément*, on entend l'addition d'un ou de plusieurs mots à un autre mot pour en expliquer ou en déterminer la signification (1).

On distingue diverses espèces de *compléments* : elles sont toutes comprises dans ce vers, dont se servent les Rhéteurs pour caractériser les différentes circonstances d'un fait :

Sujet, objet, moyen, lieu, cause, mode, temps.

Quis, quid; ubi, quibus auxiliis, cur, quomodò, quando.

Enfin, on distingue autant de *compléments* qu'il y a de questions qu'un mot donne lieu de faire.

J'enverrai.... Quoi ? un bon livre, *régime* ou *complément direct*. A qui ? à votre frère, *régime* ou *complément indirect.* Quand ? demain, *complément de temps.* D'où ? de Paris, *complément de lieu.* Comment ? par l'occasion que vous m'offrez, *complément de moyen.* Pourquoi ? pour lui faire plaisir, *complément de cause.*

Mais sans nous arrêter à des détails qui semblent appartenir à la Rhétorique, contentons-nous de diviser les *compléments* en deux espèces. Les uns sont *déterminatifs*, et indispensables pour le sens;

____

(1) Voyez la *complexité* des sujets et des attributs, page 137)'

les autres, *explicatifs*, servent seulement à développer la pensée principale, et peuvent être supprimés sans altérer la signification du terme principal auquel ils se rapportent.

Vous voyez qu'entre ces deux espèces de compléments, il y a la même différence qu'entre les incidentes *déterminatives* et les incidentes *explicatives*.

L'éloge se fait sans flatterie.

Cette proposition est fausse, parce que le sujet *l'éloge* a une signification trop générale. En effet, il n'est pas vrai que tout éloge se fasse sans flatterie; mais ajoutez quelques mots qui en restreignent le sens, et la proposition pourra devenir vraie.

L'éloge *des absents* se fait sans flatterie.

Ces mots, *des absents*, marque le sens qu'on veut donner au sujet grammatical *éloge*; ils en sont le *complément déterminatif*.

> Tel, *en un secret vallon,*
> *Sur le bord d'une onde pure,*
> Croît, *à l'abri de l'aquilon,*
> Un jeune Lis, *l'amour de la nature.*

Cette proposition peut être réduite à ces termes: *Tel croît un jeune Lis.* Tout le reste exprime des idées accessoires, intéressantes, il est vrai, mais dont l'énonciation n'est pas indispensable pour la vérité de la proposition. *En un secret vallon, sur le bord d'une onde pure, à l'abri de l'aquilon,* voilà trois compléments *explicatifs*, qui indiquent le lieu. *L'amour de la nature* est un complément *explicatif* du sujet grammatical *un Lis.*

> Loin du monde élevé, de tous les dons des cieux
> Il (*Joas*) est orné dès sa naissance,
> Et du méchant l'abord contagieux
> N'altère point son innocence.

1.re *PROPOSITION*. Sujet total, *il, loin du monde élevé.* Terme principal du sujet, *il;* complément explicatif, *loin du monde élevé.*

Attribut total, *orné de tous les dons des cieux, dès sa naissance.* Terme principal, *orné* : il a deux complémens, l'un déterminatif, *de tous les dons des cieux;* l'autre explicatif, *dès sa naissance.*

2.e *PROPOSITION*. Sujet total, *l'abord contagieux du méchant.* Terme principal, *l'abord;* complément déterminatif, *du méchant.*

Attribut total, *n'altère point son innocence.* Terme principal, *altère;* régime direct, *son innocence.*

ANALYSE DE LA PROPOSITION.

Lorsque l'on compare les propositions aux propositions, qu'on en distingue les parties essentielles, les *termes;* l'attention se porte moins sur les mots que sur les idées dont ils sont les signes : c'est le propre de l'*Analyse Logique.* (V. Anal. Gr. p. 122).

Voulez-vous analyser logiquement des propositions *françaises, latines, grecques, etc.?* Voici les questions auxquelles vous pouvez répondre :

De quels mots est composé le *sujet?* =Est-il simple ou composé? incomplexe ou complexe?

Mêmes questions pour l'*attribut.*

En supposant la proposition complexe,
Quels sont les termes principaux du sujet? de l'attribut? = Quels en sont les compléments directs ou indirects, déterminatifs ou explicatifs?

En supposant que la proposition soit principale,
Quelles sont les subordonnées? les incidentes? = Ces incidentes, sur quels mots tombent-elles? = Sont-elles explicatives? déterminatives?

En supposant que la matière soumise à l'analyse forme une période,

Quels en sont les membres ? les incises ? les termes conjonctifs ?

En suivant cette méthode, et par écrit et de vive voix, croyez que les règles de la Construction et de la Ponctuation ne vous paraîtront pas difficiles.

ANALYSE LOGIQUE.

La vertu fait le bonheur de l'homme, quoiqu'elle exige souvent de lui les sacrifices qui sont les plus penibles à la nature.

Cette petite période est composée de 2 membres.

vertu fait le bonheur de l'homme,	1.ᵉʳ Membre.– Le reste forme le 2.ᵉ membre.
quoique.	Terme conjonctif qui les unit.
Le 1.ᵉʳ membre	est une propos. principale.
La vertu.	Sujet simple et incomplexe.
Fait le bonheur de l'homme. . . .	Attrib. simp. et *compl.*, (puisqu'il est *compl.*, il y a un terme princip. et des compl.)
Fait.	Terme principal de l'attribut.
le bonheur de l'homme.	Complément (ou régime) direct.
Le 2.ᵉ membre	est une subordonnée.
Elle.	Sujet simple et incomplexe.
exige souvent de, etc.	Attribut simple et complexe.
exige.	Terme principal de cet attribut.
souvent (en plusieurs circonstances)	Complément de temps.
de lui.	Complément (ou régime) indirect.
les sacrifices qui sont, etc. . . .	Complément direct.
qui sont les plus pénibles à la nature, ...	Incid. détermin.; simp. par ses deux termes, compl. par son attr. Elle a pour antécédent *les sacrifices.*

Application au Grec et au Latin.

Prenons les deux premiers vers de l'Iliade.

Mênin aeide , Thea , Pêlêiadeô Achillêôs
Iram   cane,   Dea,   Pelidæ   Achillis

Oulomenên , è   muri'   Achaiois alge' ethêke,
perniciosam, quæ decem-millia Achivis   mala imposuit.

Cette phrase est composée de deux propositions :
l'une, *principale ;* et l'autre, *incidente explicative.*

La principale se termine à oulomenên *(perniciosam).* Les mots qui suivent forment l'incidente,

Proposition principale : Thea. *(Dea)*, sujet simple et
incomplexe.

Mênin aeide Pêlêiadeô Achillêos oulomenên,⎫
Iram   cane   Pelidæ   Achillis perniciosam,⎭ Attribut
simple et complexe.

Aeide *(cane)*, terme principal de l'attribut ; il a pour complément direct ⎰ Mênin oulomenên Pêlêiadeò Achillêos,
⎱ *Iram perniciosam Pelidæ   Achillis.*

Ce complément direct est lui-même complexe : le terme
principal mênin *(iram)* a pour complément déterminatif
Pêlêiadeô Achillêos.... *(Pelidæ Achillis.)*

Proposition incidente. = È (*quæ*) , sujet simple et
incomplexe.

Ethêke *(imposuit)*, terme principal de l'attribut, qui a
pour complément direct muria algea *(decem-millia mala)*,
et pour régime ou complément indirect Achaiois *(Achivis)*,

DE LA CLARTÉ.

La *clarté* est dans le discours cette qualité par laquelle celui qui parle ou qui écrit, donne une connaissance parfaite et précise de tout ce qu'il a pensé.

La Langue Française a pour caractère essentiel la plus grande *clarté* : elle ne souffre rien d'*équivoque*, rien d'*obscur*, rien de *vague*. Elle veut que tous les rapports soient exactement déterminés, que la pensée principale se présente nettement, et que, comme un point lumineux, elle se reflète sur toutes les idées accessoires. Mais il est souvent difficile de ne point altérer la clarté. Nos pronoms de la 3.ᵉ personne, les articles possessifs *SON*, *SA*, *etc.*, les conjonctifs *QUI*, *QUE*, *DONT*, *etc.*, sont une source d'*équivoques*. Quelques exemples fixeront votre attention sur cette importante partie de la Grammaire ; et en vous montrant les difficultés, vous avertiront du moins des efforts qu'il faut faire pour les vaincre.

ÉQUIVOQUES.

1.º Les pronoms de la 3.ᵉ personne, *IL*, *ELLE*, *LUI*, *LE*, *LA*, *LES*, *etc.*, occasionnent des équivoques, lorsqu'il y a dans le discours plusieurs noms du même genre et du même nombre, auxquels on peut les rapporter.

Votre ami a rencontré l'homme qui s'est fait cette mauvaise affaire : *il* lui a dit qu'*il* tenait de bonne part qu'on menaçait de l'arrêter, et qu'*il* avait même ouï dire qu'on le traiterait en criminel d'Etat,

Dans cette suite de phrases, tous ces *il* se rapportent à *votre ami*, sujet de la première propo-

sition. Les régimes *lui* et *le* rappellent le *régime*
du verbe *rencontré*, c'est-à-dire, *l'homme qui s'est
fait cette mauvaise affaire.*

Ces rapports sont faciles à saisir ; mais détruisez
cette subordination, cette correspondance, le sens
deviendra équivoque.

Votre ami a rencontré l'homme qui s'est fait cette mauvaise
affaire : *il lui* a dit qu'*il* tenait de bonne part qu'*il* était
menacé d'être arrêté, et qu'*il* avait même ouï dire qu'*il*
serait traité en criminel d'État.

Par la construction, tous ces *il* doivent se rapporter à *votre ami;* le sens seul nous fait comprendre
que le 3.ᵉ et le 5.ᵉ rappellent *l'homme qui s'est fait
cette mauvaise affaire.* Cette dernière construction
est donc vicieuse.

La première même deviendrait plus claire par
la suppression de quelques-uns de ces pronoms, si
l'on disait, par un tour imité du Latin :

Il lui a dit *tenir* de bonne part qu'on menaçait de l'arrêter,
et *avoir* même ouï dire qu'on le traiterait en criminel d'État.

Il (*Pyrrhus*) l'aime. Mais enfin cette veuve inhumaine
N'a payé jusqu'ici son amour que de haine ;
Et chaque jour encore on *lui* voit tout tenter....

Si vous vous arrêtez là, vous rapporterez *lui*
à *cette veuve inhumaine*, dont votre esprit est
préoccupé ; mais lorsque vous continuez de lire :

Pour fléchir sa captive.....................

le sens vous oblige à rapporter ce pronom à Pyrrhus.

Cette légère équivoque disparaîtra, si au pronom
lui, on substitue *le* (qui paraît même plus correct.)

2.ᵒ Les articles possessifs SON, SA, SIEN, SIENNE,
etc., causent souvent, par leur indétermination,
des équivoques qu'il est aussi difficile qu'important
d'éviter.

Valère alla chez Léandre, il y trouva *son* fils.

Est-ce le fils de Valère? Est-ce le fils de Léandre? Il faut que, dans ces sortes de phrases, les circonstances du discours expliquent nettement le rapport de l'article possessif.

On avait assuré à Valère que *son* fils avait péri dans un naufrage. Cependant il veut en douter : il parcourt les ports de mer, dans l'espérance d'en apprendre quelques nouvelles. Arrivé à Marseille, il descend chez Léandre ; jugez de *son* étonnement : il y trouve *son* fils.

Le rapport de l'article *son* n'est plus équivoque. Les circonstances indiquent très-bien qu'il s'agit de *l'étonnement* et *du fils de Valère*.

On avait assuré à Valère que le fils de Léandre avait péri ; il va chez Léandre. Quelle est *sa* surprise, lorsqu'il le voit avec *son* fils !

Il est visible que c'est *la surprise de Valère*, et *le fils de Léandre*.

. 5.º Les mots conjonctifs QUI, QUE, DONT, *etc.* occasionnent aussi des équivoques, parce que n'ayant par eux - mêmes ni genre, ni nombre déterminé, la relation en devient nécessairement douteuse, s'il se rencontre entr'eux et leur anté-cédent quelqu'autre mot auquel on puisse les rapporter.

C'est le fils de cette femme *qui* a fait tant de mal.

Est-ce *le fils*, est-ce *la femme*, qui a fait tant de mal ?

Pour remédier à l'équivoque, on peut substituer à QUI ses équivalents LEQUEL, LAQUELLE, *etc.*, qui, par le nombre et le genre, ne laissent pas d'incertitude.

Mais ce tour même ne remédie à rien, si les deux noms auxquels peut se rapporter le mot conjonctif, sont du même genre et du même nombre. Que faire donc pour lever l'équivoque de cette phrase : *C'est le fils de cet homme* DONT *on dit tant de mal?* Il est indispensable d'en changer la forme. Si DONT se rapporte à *cet homme*, on pourrait dire : *Cet homme dont on dit tant de mal, celui-ci est son fils; ou, voilà son fils.* Si DONT doit se rapporter au *fils*, dites : *C'est du fils de cet homme qu'on a dit tant de mal;* ou : *Le fils de cet homme est celui dont on a dit tant de mal;* ou bien : *Celui dont on a dit tant de mal, est le fils de cet homme.*

Il n'y a point de tour qui ne soit préférable à l'ambiguité.

4.º Une préposition mal placée peut aussi rendre une phrase équivoque.

Le général se persuada qu'il réparerait la perte qu'il venait de faire, *en* attaquant la ville par divers endroits.

La place de cette préposition *en* semble indiquer que la perte venait d'avoir attaqué la ville ; au lieu que l'écrivain veut dire que c'est l'attaque de la ville qui doit réparer la perte, loin d'en avoir été la cause. L'équivoque cessera, si l'on se conforme à la seconde règle de construction (*page 169*).

Le général se persuada qu'*en* attaquant la ville par divers endroits, il réparerait la perte qu'il venait de faire.

5.º Enfin l'équivoque peut naître d'un simple rapprochement de certains mots, dont la réunion semble former d'autres mots, ou exprimer autre chose que ce qu'on a réellement intention de dire; tels sont *des plaisirs* et *déplaisir*, *des honneurs* et *déshonneur*, *des avantages* et *désavantage*, etc.

Allez le voir, c'est le plus grand *des plaisirs* que vous puissiez lui faire.

Dites au singulier, *le plus grand* PLAISIR : le sens sera clair, la malignité ne trouvera rien à redire.

C'est sur ce rapprochement affecté des mots qu'est fondé l'insipide usage des calembourgs.

DE L'OBSCURITÉ.

L'*obscurité* est un autre vice qu'il faut éviter avec autant de soin que l'équivoque.

Cette vue si longue et si prochaine de la mort firent paraître à madame *N.* les choses de cette vie, de cet œil si différent dont on les voit dans la santé.

Le sens de cette phrase est obscur; on le devine plutôt qu'on ne l'entend.

Cette vue.....firent paraître, est un solécisme.

Cette vue si longue et si prochaine de la mort, n'offre pas un sens qui puisse satisfaire; c'était la *mort* qui était *prochaine*, et non pas la *vue*.

Fit paraître....de cet œil, expression incorrecte.

Fit paraître les choses de cet œil si différent dont on les voit dans la santé; phrase équivoque et louche.

Il paraît que l'intention de l'auteur était de dire:

Cette vue, si long-temps fixée sur une mort prochaine, fit envisager à madame *N.* les choses de cette vie, d'un œil bien différent de celui dont on les voit dans la santé.

Voici encore quelques phrases où l'affectation de se servir de mots et de tours recherchés, obscurcit les pensées de l'auteur:

Estimant partout de grande importance, je ne dis pas les omissions, mais les moindres intermissions, soit en actions soit en paroles, de l'amitié;.... Je puis néanmoins dire sûrement que je n'ai point failli en cette occasion, et que la cause de mon retardement vous sera aussi agréable qu'eût été une lettre écrite avec plus de diligence; d'autant plus que, désirant une fois pour toutes vous dire, avec une expression égale au fond de ma pensée, de quelle façon je prétends m'être donné à vous, j'ai fait au contraire des excellents peintres qui ont de la peine à rabattre leur imagination, n'ayant jamais pu relever la mienne au point où mon ressentiment voudrait la loger, etc.

DE L'HARMONIE.

On a rempli le principal objet de la parole, quand on s'est exprimé *clairement*, c'est-à-dire, de manière à se faire entendre ; mais il ne suffit pas de contenter l'esprit, il faut encore tâcher de plaire à l'oreille par l'harmonie du langage. Il ne peut être ici question ni de cette harmonie imitative qui peint les sons et les mouvements de la nature par ceux de la langue, comme dans ce vers :

Pour qui sont ces serpents qui sifflent sur vos têtes.

ni de cette harmonie générale qui embrasse toutes les parties du discours, et dont vous sentirez un jour le charme dans le style enchanteur de Racine : il ne s'agit que de l'*harmonie* résultant d'une *disposition de mots qui, sans nuire à la clarté, rend la phrase agréable à l'oreille.* Si l'on dit, par exemple : *N'est-ce pas de Dieu que* NOUS *tenons le pain dont* NOUS NOUS NOURRISSONS*;* la répétition trop fréquente de cette syllabe *nou* déplaît à l'oreille, qui sera plus satisfaite, si vous dites : *N'est-ce pas de Dieu que nous tenons le pain que nous mangeons?* ou : *N'est-ce pas de Dieu que nous vient le pain que nous mangeons?*

On l'*avait* confiée à une tante qu'elle *avait*, qui *avait* un grand mérite.

Au lieu de cette répétition choquante, dites :

On l'*avait* confiée à une tante d'un grand mérite.

Il faut donc éviter la répétition des mêmes consonnances.

La rime, qui est une ressemblance dans le son de deux mots, produit un effet agréable dans nos vers ; mais elle nous choque dans la prose.

Les eaux *jaillissantes* sont plus vives et plus *réjouissantes* que les tranquilles et les *dormantes*. = Les connaissances humaines ne sont vraiment *estimables* qu'autant qu'elles contribuent à nous rendre *équitables*. = La bibliothèque d'Athènes, *Sylla la pilla*. = Vous savez *que*, quoi*que* l'on soit riche, *l'on* n'en est pas toujours plus heureux.

Dans ces phrases, la rime et le retour des mêmes sons offensent la délicatesse de l'oreille. On éviterait ces mauvaises consonnances, en disant :

Les eaux qui jaillissent sont plus vives et plus agréables que les eaux tranquilles et dormantes. = Les connaissances humaines ne méritent l'estime, qu'autant qu'elles contribuent à nous rendre équitables. = La bibliothèque d'Athènes fut pillée par Sylla. = Vous savez que, pour être riche, *on* n'en est pas toujours plus heureux.

Remarquez qu'en général *on* vaut mieux que *l'on*. Ce dernier ne s'emploie que pour éviter des *hiatus* désagréables, ou pour empêcher la rencontre des syllabes dont le choc rend la prononciation dure ou difficile. Ainsi, au lieu de dire : *Si on danse où on dîne.* — *Ce* qu'on conçoit *bien s'énonce clairement*, dites : *Si on danse où l'on dîne*, ou bien : *Si l'on danse où l'on dîne.* — *Ce que l'on conçoit bien, s'énonce clairement.*

La répétition des mêmes consonnes peut occasionner une cacophonie ridicule.

Que tarde-t-on donc tant? Que ne tend-on donc tôt?

Dans ces phrases le *t* produit un son désagréable, comme la consonne *l* dans les suivantes :

Un loup disait que *l'on l'*avait volé. = Si *l'on l'*en lavait. = Si *l'on la* lisait. = Si l'on *l'*enluminait.

Bien employée, cette articulation *l*, si douce par elle-même, peut contribuer à l'harmonie : ne semble-t-elle pas communiquer sa douceur aux syllabes qu'elle sépare, dans ces paroles de Télémaque?

On fit couler des flots d'huile douce et luisante sur tous les membres de mon corps.

Enfin, l'oreille est sensible à l'harmonie ; on doit tâcher de lui plaire, en observant, autant qu'il est possible, le précepte que Boileau donne aux poëtes, précepte qu'on peut appliquer à tous les genres de compositions littéraires.

Il est un heureux choix de mots harmonieux :
Fuyez des mauvais sons le concours odieux.
Le vers le mieux rempli, la plus noble pensée
Ne peut plaire à l'esprit, si l'oreille est blessée.

DE LA CONSTRUCTION.

La *construction* est l'arrangement des mots dans l'ordre le plus convenable à l'expression de la pensée.

On distingue deux espèces de *construction* : la construction *directe*, et la construction *inverse*.

La construction est *directe*, lorsque les mots se suivent dans l'ordre des idées, ou plutôt dans l'ordre des rapports qu'ils ont entr'eux. On énonce d'abord le *sujet*, ensuite le *verbe*, puis les *régimes*, et enfin les *compléments* qui indiquent le temps, le lieu, la cause, et les autres circonstances de l'action qu'exprime le *verbe*.

Alexandre vainquit Darius à Arbelles.

Voilà l'ordre direct : 1.º L'être dont on parle, *Alexandre*; 2.º l'action faite par cet être, *vainquit*; 3.º l'objet sur lequel se porte cette action, *Darius*; 4.º les circonstances, *à Arbelles*, complément qui indique le lieu du combat.

Un mortel bienfaisant approche de Dieu même.

Dans ce vers, l'ordre direct est parfaitement observé.

Les cieux instruisent la terre
A révérer leur Auteur ;
Tout ce que leur globe enserre,
Célèbre un Dieu créateur.

Grand Dieu !................
Ta crainte inspire la joie,
Elle assure notre voie,
Elle nous rend triomphants;
Elle éclaire la jeunesse,
Et fait briller la sagesse
Dans les plus faibles enfants.

Là, tous les mots, excepté les régimes *que*, *nous*, sont énoncés dans l'ordre direct de leurs rapports.

Lorsque les termes de la proposition sont accompagnés de compléments, soit *déterminatifs*, soit *explicatifs*, la *construction directe* place ces compléments immédiatement après les mots auxquels ils se rapportent.

Alexandre, *fils de Philippe et roi de Macédoine*, vainquit Darius, *roi de Perse*, dans les plaines *d'Arbelles*.

ALEXANDRE, terme princ. du sujet, a pour compl. explic., *fils de Philippe et roi de Macédoine*.

DARIUS, terme princ. du *compl. direct*, a pour compl. explic., *roi de Perse*.

D'ARBELLES, compl. déterm. de *plaines*.

Vous voyez que tous ces compléments suivent immédiatement leur terme principal.

Inversion. Cet ordre direct n'est pas toujours exactement suivi. On s'en écarte pour donner à la phrase plus de clarté, plus de précision ou plus d'élégance ; mais on doit faire ce changement, de manière que l'esprit, qui ne saisit le sens qu'à la fin de la phrase, puisse alors la ramener facilement à l'ordre direct, qui est la base de toute construction.

Sur les bords du Granique, et dans les plaines d'Arbelles...

Ces mots laissent notre esprit en suspens. Les prépositions *sur* et *dans* indiquent un rapport dont l'antécédent est inconnu. Cette construction n'est donc pas *directe*.

Sur les bords du Granique, et dans les plaines d'Arbelles, fut vaincu....

Voilà un attribut, et le sujet n'est pas encore nommé. Vous sentez que la phrase finira nécessairement par des mots qui, dans l'ordre direct, seraient les premiers.

Sur les bords du Granique, et dans les plaines d'Arbelles, fut vaincu *Darius*, roi de Perse, qui était à la tête d'une armée très-nombreuse.

Cette construction, qui s'écarte de l'ordre direct, puisqu'elle énonce des attributs avant les sujets, des prépositions avant leur antécédent, *etc.*, on la nomme *construction inverse*, ou simplement *inversion*.

Sur les bords fortunés de l'antique Idalie,
Lieux où finit l'Europe, et commence l'Asie,
S'élève un vieux palais, respecté par le temps.

On dirait dans l'ordre direct : *Un vieux palais, respecté par le temps, s'élève sur les bords fortunés de l'antique Idalie, où l'Europe finit, et l'Asie commence.*

Voy. p. 142. *Sous des arbres, dont la nature....*

***

RÈGLES GÉNÉRALES DE CONSTRUCTION

DANS LA LANGUE FRANÇAISE.

PREMIÈRE RÈGLE.

De plusieurs compléments qui tombent sur le même mot, il faut placer le plus court immédiatement après le terme principal, puis le plus court de ceux qui restent, et ainsi de suite jusqu'au plus long qui doit être le dernier.

Le motif de cette règle est que, plus les compléments sont rapprochés du terme principal, plus leur rapport est facile à saisir.

1.er EXEMPLE. Pendant que Philoctète *répandait* le carnage et l'horreur pour repousser les efforts d'Adraste, roi des Dauniens, Nestor *remplissait* l'air des cris perçants.

Dans la proposition subordonnée, *répandait* a deux compléments : l'un direct, *le carnage et l'horreur ;* l'autre explicatif, *pour repousser les efforts d'Adraste, roi des Dauniens.*

Dans la proposition principale, *remplissait* a aussi deux compléments : *l'air* et *de ses cris perçants.*

La phrase, ainsi disposée, est claire ; elle cessera de l'être, si, contre l'esprit de la règle, on dit :

Pendant que Philoctète répandait, pour repousser les efforts d'Adraste, roi des Dauniens, le carnage et l'horreur, Nestor remplissait de ses cris perçants l'air.

2.e EXEMPLE. Il est permis *de se livrer* aux plaisirs de la société, *après* avoir bien rempli les devoirs de son état, *si* l'on sent le besoin de quelque délassement agréable, *pourvu* qu'on ne blesse en rien les lois de la décence et de l'honneur.

Le terme principal *permis* a quatre compléments : Qu'est-ce qui est permis? *de se livrer aux plaisirs de la société,* compl. déterm. qui ne peut être énoncé qu'après le terme principal. Quand cela est-il permis? *après avoir bien rempli les devoirs de son état.* Dans quelle supposition cela est-il permis? *si l'on sent le besoin d'un délassement agréable.* Comment et à quelle condition? *pourvu qu'on ne blesse en rien les lois de la décence et de l'honneur.*

Ces trois derniers compléments sont explicatifs, et forment trois propositions subordonnées.

Il est facile de voir que, dans cette phrase, la construction est conforme à la règle. Le sens

(168)

néanmoins ne s'y présente pas avec assez de netteté, parce que les deux derniers compléments sont trop éloignés du centre commun.

Dans ce cas, l'*inversion*, loin de nuire à la clarté, peut l'augmenter au contraire, en plaçant le terme principal au milieu de ses compléments, comme nous le verrons dans la seconde règle.

Quelquefois un complément très-complexe renferme des mots qui ont aussi leurs compléments particuliers. On doit observer, dans la disposition de ces compléments subalternes, le même ordre que la règle établit pour les autres.

Corneille laissa bien loin derrière lui tout ce qu'il avait de rivaux, dont la plupart, *désespérant de l'atteindre*, et *n'osant plus entreprendre de lui disputer le prix*, se bornèrent à combattre la voix publique déclarée pour lui, et essayèrent *en vain par* leurs discours et leurs frivoles critiques, *de* rabaisser un mérite qu'ils ne pouvaient égaler.

Le sujet, *Corneille*, est incomplexe. Voyons l'*attribut*.

Le terme principal, *laissa*, a deux compléments déterminatifs : *laissa* où ? *bien loin derrière lui ; laissa* qui ? *tout ce qu'il avait de rivaux, dont la plupart, etc.*, jusqu'à la fin de la phrase.

Le premier, comme le plus court, est placé le plus près du terme princ. *laissa*. Le régime ou compl. direct beaucoup plus long, est énoncé le dernier.

Analysez l'incidente explicative qui tombe sur *rivaux* : vous verrez que l'ordre des compléments *particuliers* est conforme à la règle. Le sujet, *la plupart*, à deux compl. explic., dont le premier est le plus court. Le terme princ. du second attribut, *essayèrent*, a 3 compléments : *essayèrent* quoi ? *de rabaisser un mérite qu'ils ne pouvaient égaler.* Comment l'essayèrent-ils ? *en vain.* Par quels moyens l'essayèrent-ils ? *par leurs discours et leurs frivoles critiques.* Ces 3 compléments sont disposés dans l'ordre que demande la proportion de leur longueur.

Mais cette phrase, claire et harmonieuse dans la construction qu'a choisie Racine, deviendra louche, obscure, désagréable à l'oreille, si, changeant l'ordre des compléments, on place les plus longs auprès du terme principal.

Corneille laissa tout ce qu'il avait de rivaux, dont la plupart, n'*osant* plus entreprendre de lui disputer le prix, et *désespérant* de l'atteindre, se bornèrent à combattre la voix publique déclarée pour lui, et essayèrent *de* rabaisser un mérite qu'ils ne pouvaient égaler *par* leurs discours et leurs frivoles critiques, *en* vain, *bien* loin derrière lui.

II.ᵐᵉ *RÈGLE.*

Si plusieurs compléments d'une certaine étendue, et qui puissent être transposés, se rapportent au même terme principal; au lieu de les placer tous à la suite de ce terme, il faut en placer un ou plusieurs avant.

Afin que vous aperceviez mieux la différence entre ces deux règles, reprenons l'un des exemples qui ont servi d'application à la première.

1.ᵉʳ EXEMPLE. *Après* avoir bien rempli les devoirs de son état, *si* l'on sent le besoin de quelque délassement agréable, il est *permis de* se livrer aux plaisirs de la société, *pourvu* qu'on ne blesse en rien les lois de la décence et de l'honneur.

Cette inversion, qui transpose deux compléments avant le terme principal *permis*, et rejette au dernier rang le complément le plus long, donne à la phrase toute la clarté et toute l'harmonie dont elle est susceptible.

La même observation peut s'appliquer à l'exemple suivant :

2.° EXEMPLE.... *Dans* une éclatante voûte
Il *a placé, de* ses mains,
Ce Soleil qui, dans sa route,
Éclaire tous les humains.

Quelquefois cette sorte d'inversion ajoute à la clarté, en évitant les équivoques.

22

3.ᵉ Ex... Chacun venait offrir les prémices des fruits
  Que d'un soleil ardent les feux avaient mûris,
  Sur un autel dressé près d'une source pure,
  Qu'ils ornaient à l'envi de fleurs et de verdure.

Dans cette phrase, quel est l'antécédent de la préposition *sur?* Est-ce *mûris?* est-ce *offrir?* La construction suivante, conforme à la 2.ᵉ règle, et que l'auteur a choisie, lève toute équivoque, et montre clairement que ce complément qui indique le lieu de l'action, ne peut se rapporter qu'au terme principal *offrir.*

  Sur un autel dressé près d'une source pure,
  Qu'ils ornaient à l'envi de fleurs et de verdure,
  Chacun venait *offrir* les prémices des fruits
  Que d'un soleil ardent les feux avaient mûris. _

En général, les compléments déterminatifs ne peuvent se placer qu'à la suite des mots dont ils restreignent le sens; cependant, pour favoriser la clarté, l'énergie ou l'élégance de l'expression, le génie de notre Langue se prête, et dans les vers et dans la prose, à la transposition du régime ou complément direct; mais alors il faut toujours en rappeler l'idée à sa place ordinaire par quelque pronom.

4.ᵉ **Exemple.** *Toutes les animosités qui ne vont pas jusqu'à la vengeance déclarée,* cette personne se *les* permet; *tous les plaisirs où l'on ne voit pas de crime,* elle *les* justifie; *toutes les parures et les artifices où l'indécence n'est pas scandaleuse,* elle *les* recherche; *toutes les omissions qui paraissent rouler sur des devoirs arbitraires,* elle n'en fait pas de scrupule.

Dans la construction directe, on dirait : *Cette personne se permet toutes les animosités qui, etc., elle justifie tous les plaisirs où, etc..*

5.ᵉ Ex... Hé quoi! *tous les malheurs aux humains réservés,*
  Faut-il, si jeune encor, les avoir éprouvés?

III.ᵐᵉ *RÈGLE*.

Si les divers compléments du même mot ont à peu près la même étendue, c'est à l'oreille et en même-temps au goût, c'est-à-dire, à un jugement éclairé, à fixer l'ordre entr'eux.

EXEMPLE.

1.ʳᵉ *Construction.* = On est souvent moins heureux avec des qualités brillantes et une grande fortune qu'avec un esprit ordinaire et une aisance médiocre.

2.° On est souvent moins heureux avec une grande fortune et des qualités brillantes qu'avec une aisance, etc.

3.° Avec des qualités brillantes et une grande fortune, on est souvent, etc.

4.° Avec une grande fortune et des qualités brillantes, on est souvent, etc.

Toutes ces phrases sont claires et correctes; mais, dans un discours suivi, le choix de ces constructions n'est pas indifférent.

On a quelquefois à exprimer des actions dont les unes suivent naturellement les autres; dans ces cas, il n'y a point à choisir. Il faut consulter, pour l'arrangement successif des compléments, l'ordre qu'indique la nature.

> . . . . La Mollesse oppressée
> Dans sa bouche, à ce mot, sent sa langue glacée;
> Et lasse de parler, succombant sous l'effort,
> *Soupire, étend les bras, ferme l'œil, et s'endort.*

Ce dernier vers exprime des actions dans leur ordre naturel.

Je montrerai qu'il mérite le nom de poëte, et que sa façon d'écrire est excellente.

Ou : Je montrerai que sa façon d'écrire est excellente, et qu'il mérite le nom de poëte.

Cette dernière construction est préférable, parce que l'auteur dont on parle, n'est poëte qu'en conséquence de son *excellente façon d'écrire.*

IV.ᵐᵉ RÈGLE.

Si le terme principal du sujet est accompagné de compléments d'une certaine étendue, et qui puissent être transposés, on peut mettre ces compléments avant le terme principal, qu'alors on placerait immédiatement avant le verbe.

Cherchez-vous l'exacte probité? *Pénétré* de ses maximes, et *attentif* à les répandre dans les savantes leçons qu'il donnait de l'art de bien dire, Saint Augustin avait soin de faire regarder le talent de la parole comme inutile, pernicieux même, sans l'amour de la justice.

Dans la construction directe, il faudrait dire : *Saint Augustin, pénétré de ses maximes, et attentif à les, etc.* Mais par l'inversion qui transpose les deux compléments explicatifs, le terme principal du sujet se trouve rapproché du verbe; la phrase est claire et plus élégante.

Près d'imposer silence à ce bruit imposteur,
Achille en veut connaître et confondre l'auteur.

V.ᵐᵉ RÈGLE.

Si le sujet de la proposition est d'une étendue beaucoup plus considérable que l'attribut, il vaut mieux commencer par l'attribut, et rejeter le sujet après le verbe.

1.ᵉʳ Ex. *Près du déluge se rangent* le décroissement de la vie humaine; le changement dans le vivre, et une nouvelle nourriture substituée aux fruits de la terre ; quelques préceptes donnés à Noé, de vive voix seulement; la confusion des langues arrivée à la tour de Babel, premier monument de l'orgueil et de la faiblesse des hommes; le partage des trois enfants de Noé, et la première distribution des terres.

En transposant ainsi l'attribut à la tête de la proposition, Bossuet rend la phrase harmonieuse, et le sens plus clair. Mettez l'attribut à sa place ordinaire, l'esprit restera long-temps suspendu par l'énumération de cette multitude de sujets ; au lieu que, par l'inversion, chaque sujet se lie au verbe, à mesure qu'il est prononcé.

2.e Ex. Voilà le précipice où les attraits enchanteurs de la prospérité *l'ont jeté enfin.*

Inversion. Voilà le précipice où *l'ont enfin jeté*
  Les attraits enchanteurs de la prospérité.

3.e Ex. O nuit désastreuse ! ô nuit effroyable où cette étonnante nouvelle : Madame se meurt... Madame est morte... *retentit* tout-à-coup comme un éclat de tonnerre !

Voilà la construction ordinaire : elle ne fait par elle-même aucune impression subite, imprévue ; c'est le simple récit d'un fait intéressant. Mais quelle vivacité, quelle force Bossuet imprime à ce récit, en transportant l'attribut avant le sujet !

O nuit désastreuse ! ô nuit effroyable où *retentit* tout-à-coup comme un éclat de tonnerre cette étonnante nouvelle : Madame se meurt... Madame est morte !...

(A ces dernières paroles du grand orateur, tout le monde répandit des larmes).

4.e Ex. Cet aigle, dont le vol hardi avait d'abord effrayé nos provinces, *prenait déjà l'essor pour se sauver vers les montagnes.*

Cette phrase est claire, simple, correcte ; mais par l'inversion que recommande la 5.e règle, Fléchier exprime les mêmes idées avec autant de clarté, avec plus d'harmonie et d'élégance, et fixe d'abord l'attention sur l'objet le plus intéressant.

Déjà prenait l'essor pour se sauver vers les montagnes, cet aigle dont le vol hardi avait d'abord effrayé nos provinces.

Déjà exprime une circonstance remarquable, qui viendrait trop tard, si elle ne commençait pas la phrase.

Quelquefois on met avant le verbe un *pronom personnel* , pour tenir la place du sujet qui est rejeté après l'attribut.

Elle approche néanmoins, cette mort inexorable qui, par un seul coup qu'elle frappe, vient percer le sein d'une infinité de familles.

REMARQUE.

Il ne faut jamais séparer les parties d'un complément par un autre complément du même terme principal.

Un tel entrelacement rend le discours obscur ou équivoque.

La basse plaisanterie ne laisse pas de tenir la *place*, dans leur esprit et dans le commerce ordinaire, *de* quelque chose de meilleur.

Dans cette phrase, *tenir* a deux compléments : l'un, régime direct, *la place de quelque chose de meilleur*, se trouve séparé en deux parties par l'autre complément, *dans leur esprit et dans le commerce ordinaire ;* ce qui rompt la liaison des idées, et obscurcit le sens. On pouvait dire :

La basse plaisanterie ne laisse pas de tenir, *dans leur esprit et dans le commerce ordinaire*, la place de quelque chose de meilleur.

Par le secours de l'histoire, les princes forment leur jugement, sans rien hasarder, *sur* les événements passés.

La construction suivante serait plus régulière:

Par le secours de l'histoire, les princes forment, *sans rien hasarder*, leur jugement sur les événements passés.

Les propositions incidentes doivent être énoncées immédiatement après les mots auxquels elles se rapportent.　　　　　　　(Voyez page 146.)

Des Inversions usitées dans la Poësie.

De toutes les observations que nous venons de faire sur la CONSTRUCTION, vous pouvez conclure que la Langue Française, malgré la gêne que lui impose l'invariabilité de ses mots, autorise dans la Prose même beaucoup d'inversions, en faveur de *la clarté* et de *l'harmonie*. Elle trouve encore dans son caractère assez de souplesse pour admettre, dans la Poësie, un grand nombre d'autres inversions qui servent à y répandre une agréable variété, et qui en caractérisent l'élocution.

Tout complément adverbial, ou commençant par une préposition, les Poëtes peuvent le placer avant son antécédent, pourvu que cette transposition n'altère ni *la clarté* ni *l'harmonie*. Quelques exemples suffiront pour vous faire voir comment ils transposent les sujets et les compléments qui répondent aux *cas* du Grec et du Latin.

NOMINATIF ET VOCATIF.

O toi qui follement fais ton dieu du hasard,
Viens me développer ce nid qu'avec tant d'art,
Au même ordre toujours *architecte* fidelle,
A l'aide de son bec maçonne *l'hirondelle.*

GÉNITIF.

Craignez *d'un vain plaisir* les trompeuses amorces.

DATIF.

Enfin Malherbe vint.........................
Tout reconnut ses lois, et ce guide fidèle
Aux auteurs de ce temps sert encor de modèle.

ACCUSATIF.

(Voyez la II.e Règle, *page* 137.)

Ce bandeau, dont il faut que je paraisse ornée
Dans ces jours solennels à l'orgueil dédiés,
Seule et dans le secret, je *le* foule à mes pieds.

ABLATIF.

Assuérus............ dès ce moment même,
De sa main sur mon front posa son diadême.

Ce sont ces inversions qui donnent de la vie, de l'âme au discours. Elles plaisent à l'esprit par la variété dont elles sont une source inépuisable, et impriment aux idées un caractère de force, en fixant d'abord l'attention sur les objets les plus intéressants; mais plus ces avantages sont grands, plus on doit avoir soin de ne se permettre aucune inversion qui ne soit utile et convenable.

RÉPÉTITION DE MOTS.

Répéter les mots sans nécessité, c'est un vice d'élocution qu'il faut éviter avec soin; mais lorsque les *répétitions* servent à donner au discours plus de correction, plus de clarté, plus de force, ou enfin plus de grâces et d'élégance; loin d'y être des défauts, elles y deviennent des ornements.

Voici les principales circonstances où la correction exige la *répétition* des mots.

ARTICLES.—1.º On répète les articles devant les adjectifs qui expriment des qualités opposées, ou incompatibles dans le même objet.

Les plus sages des auteurs anciens et *des* modernes disent qu'il ne peut y avoir de mœurs dans un état sans religion.

La phrase serait vicieuse, si l'on disait : *Les plus sages des auteurs ANCIENS ET MODERNES disent,* etc.; parce que les mêmes auteurs ne peuvent pas être à la fois anciens et modernes.

2.º Si plusieurs noms sont réunis pour former un même sujet ou un même complément, ils doivent être tous sans article, *ou* tous précédés du même article.

Cœur, esprit, mœurs, tout gagne à la culture.
Le cœur, *l'*esprit, *les* mœurs, tout gagne à la culture.

PRONOMS. — 1.º Devant les verbes qui sont à des temps différents, on répète leur sujet commun, si c'est un pronom, ou quelqu'un des mots pronominaux *on*, *rien*.

Nous avons dit et *nous* allons prouver que, sans la vertu, il n'y a point de véritable bonheur. ═ *Rien* n'a touché et *rien* ne touchera jamais ce cœur impitoyable.

2.º Lors même que les verbes sont au même temps, on répète les pronoms des deux premières personnes.

Vous aimerez vos ennemis, *vous* ferez du bien à ceux qui vous persécutent, *vous* bénirez ceux qui vous maudissent.

3.º Les pronoms, *sujet*, se répètent, si l'un des verbes a une négation, et que l'autre n'en ait point.

Le jour du Sabbat, *ils* ne portent point d'eau et n'allument point de feu, *ils* sont comme enchaînés dans leur repos.

4.º On répète le pronom relatif *que*, si les verbes dont il est régime, ont des sujets différents, ou le même sujet exprimé par un pronom.

C'est une matière *que* j'ai étudiée, *que* j'éclaircis actuellement, et *que* je mettrai dans un nouveau jour.

5.º On répète le pronom *le*, *la*, *les*, avec les verbes dont ils sont régimes.

Je veux *les* voir, *les* prier, *les* presser, *les* importuner, *les* fléchir.

VERBE. — On répète le verbe,

1.° Quand il est négatif dans un membre de la phrase, et qu'il ne l'est point dans l'autre.

Notre réputation *ne dépend pas* des louanges qu'on nous donne, mais des actions louables que nous faisons.

On devait dire : *mais elle dépend des actions,* etc.; ou bien, il fallait prendre un autre tour : *Notre réputation* DÉPEND, NON *des louanges qu'on nous donne, mais des actions louables que nous faisons.*

2.° Quand il a le sens actif dans un membre, et le sens passif dans l'autre.

Personne n'*estime* les fainéants, parce qu'on ne mérite pas d'*être estimé*, quand on ne s'acquitte pas de ses devoirs.

Qui ne sait point aimer, n'est pas digne de l'*être.*

C'est une faute; on doit dire : d'*être aimé.*

3.° S'il a pour régime un pronom qui doit le précéder, et un nom qui doit le suivre.

Nous vous déclarons et en même temps à toute la terre, est une construction incorrecte; on doit dire : *Nous vous déclarons, et nous déclarons en même temps à toute la terre.*

PRÉPOSITIONS. — On répète les prépositions devant chacun de leurs compléments.

Il s'est rencontré un homme d'une profondeur d'esprit incroyable, capable *de* tout entreprendre et *de* tout cacher, également actif et infatigable *dans* la paix et *dans* la guerre; qui ne laissait rien à la fortune de ce qu'il pouvait lui ôter *par* conseil et *par* prévoyance.

ADVERBES. — Devant les adjectifs, on répète les adverbes de comparaison.

Pour bien écrire sur cette matière, il faut avoir l'esprit *très*-juste et *très*-cultivé; autrement, on ne peut avoir qu'un succès *peu* brillant et *peu* solide; et le silence serait un parti *plus* sûr et *plus* honnête.

Conjonctions. — On répète *que* devant toutes les incidentes qui se rapportent au même antécédent.

N'attendez pas, Messieurs, *que* j'ouvre ici une scène tragique ; *que* je représente ce grand homme étendu sur ses propres trophées ; *que* je découvre ce corps pâle et sanglant, auprès duquel fume encore la foudre qui l'a frappé.

Répétitions nécessaires pour la clarté.

Dans les longues phrases, quelquefois pour la clarté du sens, on répète des mots trop éloignés de ceux qui s'y rapportent.

Qui l'eût dit au commencement de l'année dernière, et dans cette même saison où nous sommes, lorsqu'on voyait tant de haines éclater, tant de ligues se former ; *qui l'eût dit* qu'avant la fin du printemps tout serait calme ?

La *répétition* peut rendre le discours plus animé, plus vif, plus pathétique.

Ma fille, tendre objet de mes dernières peines,
Songe au moins, *songe* au sang qui coule dans tes veines!
C'est le sang de vingt rois, tous chrétiens comme moi ;
C'est le sang des héros, défenseurs de ma loi.......
Ton Dieu que tu trahis, *ton Dieu* que tu blasphêmes,
Pour toi, *pour* l'univers est mort *en ces lieux* mêmes,
En ces lieux où mon bras le servit tant de fois,
En ces lieux où son sang te parle par ma voix.

Répétitions incorrectes.

En général, on doit éviter toute *répétition* qui rend le discours obscur, équivoque, traînant, ou désagréable à l'oreille.

On croit n'être pas trompé, et l'*on* nous trompe souvent.

Le premier *on* se rapporte à ceux qui sont trompés, le second à ceux qui trompent. Dites, pour éviter l'équivoque : *On croit n'être pas trompé, et l'on est trompé souvent.*

Il fut obligé de se déclarer *pour* l'un d'eux *pour* ne les avoir pas tous deux *pour* ennemis. = J'ai long-temps vécu *avec* lui *avec* la même cordialité. = Il a prononcé *contre* vous *contre* mon opinion. = Il est donc visible qu'étant nouvelles *comme elles sont, elles sont* des preuves sensibles de la nouveauté des hommes.

On pourrait dire sans cacophonie et sans obscurité:

Il fut obligé de se déclarer en faveur de l'un d'eux, afin de ne les avoir pas tous deux pour ennemis. = J'ai long-temps vécu avec lui, et je l'ai toujours traité avec la même cordialité. = Il a prononcé contre vous, il agissait en cela contre mon opinion.

Dans la dernière phrase, supprimez *comme elles sont.*

DE LA MÉTAPHORE (1).

La *métaphore* consiste à faire passer un mot de son sens propre à un sens figuré.

Le *sens propre* d'un mot est sa signification primitive et ordinaire. Le *sens figuré* ou *métaphorique* est une nouvelle signification qu'on fait prendre à ce mot, en vertu d'une comparaison qui est dans l'esprit.

Par exemple, le mot *clef*, dans le sens propre, signifie un instrument qui ouvre la porte d'un appartement, et nous en *donne l'entrée.* De-là, on a appliqué ce mot, par comparaison, aux connaissances préliminaires qui *ouvrent*, en quelque sorte, *l'entrée* à d'autres connaissances. Ainsi, l'on a dit que *la Grammaire est la* CLEF *des sciences*, que *la Logique est la* CLEF *de la philosophie.*

Par le même rapport de comparaison, les musiciens nomment *clef* certaines marques placées au commencement des lignes de musique, et qui *donnent*, pour ainsi dire, *l'entrée* du chant. = On dit d'une ville

---

(1) Etudiez les *Tropes* de Dumarsais,

fortifiée qui est sur une frontière, qu'*elle est la* CLEF *d'un Etat*, c'est-à-dire, que l'ennemi qui se rendrait maître de cette ville, pourrait *entrer* ensuite avec moins de peine dans le pays dont on parle.

Couleur, dans le sens propre, se dit de cette lumière modifiée qui nous fait voir les objets ou blancs, ou rouges, ou jaunes, etc.

Que peut-on voir de plus beau que les *couleurs* de l'arc-en-ciel ?

Mais si l'on dit : *Le mensonge se pare souvent des* COULEURS *de la vérité*, ce mot signifie *les dehors, les apparences*.

Dans le sens propre, *goût* se dit de l'impression des saveurs sur la langue. Dans le sens métaphorique *goût* signifie l'impression ou le sentiment intérieur dont l'esprit est affecté à l'occasion de quelqu'ouvrage de la nature et de l'art.

Le GOÛT *de Paris s'est trouvé conforme au* GOÛT *d'Athènes*, dit Racine dans la préface d'Iphigénie.

Avoir le goût dépravé, c'est, dans les deux sens, trouver bon ce que communément les autres trouvent mauvais, et trouver mauvais ce que les autres trouvent bon.

La célèbre école d'Athènes où enseignait Aristote, se nommait *Lycée*; Zénon enseignait au *Portique*. Ces noms de *Lycée* et de *Portique* se prennent figurément pour la doctrine de ces deux philosophes. Ainsi Rousseau, pour dire que Cicéron, dans sa maison de campagne, méditait la philosophie d'Aristote et de Zénon, s'exprime en ces termes :

> C'est là que ce Romain dont l'éloquente voix
> D'un joug presque certain sauva sa république,
> Fortifiait son cœur dans l'étude des lois
> Et du *Lycée* et du *Portique*.

Platon enseignait à l'*Académie*, dont le nom se prend aussi pour la doctrine de ce grand philosophe. Aujourd'hui on donne, par extension, le nom d'*Académie* à différentes assemblées de savants qui s'appliquent à cultiver les langues, les sciences ou les beaux arts.

La *métaphore* est d'un usage très-fréquent; elle répand beaucoup de charme et de grâces dans le discours, soit en vers, soit en prose, comme nous aurons souvent occasion de le remarquer; mais il faut savoir la choisir, la placer et la soutenir avec goût.

Prends ta foudre, Louis. Voilà Louis XIII pris métaphoriquement pour Jupiter, et l'imagination s'attend à voir cette figure soutenue; mais Malherbe ajoute : *et va comme un lion.* Il n'y a plus d'analogie entre ces deux métaphores, et la liaison des idées est interrompue. Il fallait nécessairement dire : *et va comme Jupiter.*

Il faut que la *métaphore* soit adaptée au sujet. Ainsi, il ne convient pas de dire, en parlant d'un cocher, qu'*il* soumet L'*ATTELAGE* à L'*EMPIRE* du *mors.* Il y a beaucoup trop loin de l'idée d'empire à celle du mors d'un cheval.

La *métaphore* est encore vicieuse, quand elle est tirée

1.º D'objets bas et dégoûtants, comme quand on dit que plus de la moitié des soldats de Pompée

piteusement étale

Une indigne *curée* aux vautours de Pharsale.

Le mot *curée* présente une idée basse, qui repugne au bon goût.

2.º De circonstances triviales et familières qui avilissent l'objet comparé, comme lorsqu'on a dit que le doux Zéphyr

Refrise mollement la *perruque* des prés.

Dans tous les genres, il faut éviter l'affectation :

Donnez des siéges est une expression simple et convenable ; il serait ridicule de dire : *Voiturez-nous ici les commodités de la conversation.*

Les *métaphores* ont souvent le mérite de la vivacité et l'avantage de la précision, comme dans ce vers où Boileau peint un joueur qui

Voit *sa vie* ou sa *mort* sortir de son cornet.

Il faudrait de longues phrases pour rendre cette pensée sans *figures.*

Dieu éclaire mon âme, comme le *soleil* éclaire mes yeux ; et il me protège, comme un *bouclier* me sert de défense dans le combat.

Quelle différence entre ce long discours et l'expression vive du prophète !

Dieu est mon *soleil* et mon *bouclier.*

DE LA PONCTUATION.

La ponctuation est l'art d'indiquer dans l'écriture, par des signes reçus, la proportion des pauses qu'on doit faire en parlant.

TABLEAU *des signes de la Ponctuation.*

NOMS DES SIGNES.	Forme des signes.	NOMS DES SIGNES.	Forme des signes.	NOMS DES SIGNES.	Forme des signes.
La virgule...... indique, dans la lecture, la plus courte des pauses	,	Le Point-Interrogatif.	?	Le Trait subli-néaire.........	--
LePoint-Virgule une pause un peu plus longue.	;	Le Point-Exclamatif.	!	Les Points sus-pensifs,........	....
Les Deux-Points une pause encore plus longue.	:	Les Guillemets	« »	Le Trait de sé-paration.	___ ou ==
Le Point-Simple la pause la plus longue.	.	La Parenthèse	( )		

La ponctuation sert surtout à distinguer les diverses parties de la phrase, à indiquer les degrés de subordination entre ces parties, et à prévenir les équivoques qui pourraient naître de la construction.

Avant d'examiner la Ponctuation des exemples, distinguez avec soin les propositions qui les composent et les compléments qu'ils renferment. L'analyse est le guide le plus sûr.

DE LA VIRGULE.

N.° 1. — On emploie la virgule pour séparer
entre elles les parties similaires ou semblables
d'une même phrase.

Plusieurs *sujets* qui se rapportent au même
verbe.

> *Les qualités du cœur, l'exacte probité,*
> Sont l'âme et le lien de la société.

Craignez les Dieux , ô Télémaque ; cette crainte est le plus
grand trésor de l'homme : avec elle , vous viendront *la sagesse,
la justice, la paix, la joie, les plaisirs purs, la vraie
liberté, la gloire* sans tache.

Plusieurs *verbes* se rapportant au même sujet.

> L'attelage *suait, soufflait, était* rendu.

Sous le règne de Louis XIV, Colbert *créa* le commerce,
fit réparer les grands chemins, *ouvrit* de nouvelles routes,
construisit le célèbre canal du Languedoc, *fit* fleurir les
anciennes colonies, en *forma* de nouvelles, et *s'occupa*
spécialement de la marine.

Plusieurs *adjectifs* se rapportant au même nom.

> Dans un chemin *montant, sablonneux, mal-aisé,*
> Et de tous les côtés au soleil *exposé,*
>   Six forts chevaux tiraient un coche.

Plusieurs *régimes* du même verbe.

O digne fils du sage Ulysse ! disait Diomède , je reconnais
en vous la *douceur* de son visage, la *grace* de ses discours,
la *force* de son éloquence, la *noblesse* de ses sentimens,
la *sagesse* de ses pensées.

Plusieurs *compléments* qui se rapportent au
même antécédent.

La police y est *parfaite pour* la propreté des rues, *pour*
le cours des eaux, *pour* la commodité des bains, *pour* la
culture des arts, et *pour* la sûreté publique.

24

N.º 2. — Si deux parties similaires, c'est-à-dire, deux sujets, deux attributs, deux adjectifs, etc., sont unis par une conjonction, on ne les sépare point.

L'imagination et le jugement ne sont pas toujours d'accord.

Un style toujours noble et rapide distingue les écrits de Bossuet.

Ni l'or ni la grandeur ne nous rendent heureux.

Si cependant les parties similaires excèdent la portée commune de la respiration, les conjonctions n'excluent pas la virgule.

On n'entendait que le gazouillement des oiseaux, *ou la* douce haleine des zéphyrs, *ou* le murmure d'une onde claire, *ou* les chansons que les muses inspiraient aux bergers qui suivaient Apollon.

N.º 3. — On met la virgule entre les deux membres d'une période, lorsqu'aucun de ces membres n'est subdivisé.

Quoique je ne comprisse pas encore parfaitement la profonde sagesse de ce discours, je ne laissais pas d'y goûter je ne sais quoi de pur et de sublime.

Si nous n'avions point de défauts, nous prendrions moins de plaisir à remarquer ceux des autres.

N.º 4. — Lorsque, dans le style coupé ou dans une suite de propositions détachées qui énoncent une énumération, ou les circonstances d'un événement quelconque, aucune ne se trouve subdivisée; la virgule suffit pour séparer ces propositions.

> L'astre brillant du jour à l'instant s'obscurcit,
> L'air siffle, le ciel gronde, et l'onde au loin mugit.

Turenne meurt : tout se confond, la fortune chancelle, la victoire se lasse, la paix s'éloigne, les bonnes intentions des alliés se ralentissent, le courage des troupes est abattu par la douleur, tout le camp demeure immobile.

N.º 5. -- **Les compléments transposés doivent être séparés, par la virgule, du reste de la proposition, à moins qu'ils ne soient courts, et que l'ordre analytique ne soit facile à reconnaître.**

O toi qui follement fais ton dieu du hasard,
Viens me développer ce nid qu'*avec tant d'art,*
Au même ordre toujours architecte fidelle,
A l'aide de son bec, maçonne l'Hirondelle.

De tous les spectacles que l'industrie de l'homme a donnés au monde, il n'en peut-être aucun de plus admirable que la navigation.

Celui qui met un frein à la fureur des flots
Sait aussi *des méchants* arrêter les complots.

Ce complément *des méchants* ne doit pas être séparé par la virgule.

N.º 6.— **En général, tout ce qui, dans une phrase, peut être retranché sans altérer ni la construction ni la pensée principale, se distingue par la virgule.**

Ainsi, on sépare par la virgule,

1.º Les incidentes explicatives et les compléments explicatifs :

Non loin de ce rivage, un bois sombre et tranquille,
Sous des ombrages frais, présente un doux asyle ;
Un rocher, *qui le cache à la fureur des flots,*
Défend aux aquilons d'en troubler le repos.

2.º Les propositions subordonnées :

.... Mon père,
Quand vous commanderez, vous serez obéi.

3.º Dans les apostrophes, le nom ou le titre des personnes ou des choses personnifiées, auxquelles on adresse la parole.

Est-ce toi, chère Elise ? ô jour trois fois heureux !...
Vérité, que j'implore, achève de descendre...

4.º Les termes accessoires dont la suppression ne change pas le sens :

Oui, je viens dans son temple adorer l'Eternel.

Mais les incidentes *déterminatives*, et les compléments déterminatifs, ne pouvant être supprimés sans nuire à la liaison des idées, s'écrivent sans ponctuation, hors le cas d'une longueur excessive.

Je ne puis estimer ces dangereux *auteurs*
Qui, de l'honneur en vers infâmes déserteurs,
Trahissant la vertu sur un papier coupable,
Aux yeux de leurs lecteurs rendent le vice aimable.

DE L'USAGE DU POINT-VIRGULE.

N.º 7. -- Lorsque les membres d'une période ont des incises ou d'autres parties subalternes distinguées par la virgule, ils doivent être séparés par le point-virgule.

Grand Dieu! dont la seule présence soutient la nature, et maintient l'harmonie des lois de l'*univers*; vous qui, du trône immobile de l'empyrée, voyez rouler sous vos pieds toutes les sphères célestes sans choc et sans *confusion*; vous qui, du sein du repos, reproduisez à chaque instant leurs mouvements immenses, et seul régissez dans une paix profonde ce nombre infini de cieux et de *mondes*; rendez, rendez enfin le calme à la terre agitée !

(Voy., p. 145-150, la ponctuation des périodes citées pour exemples).

N.º 8.—Lorsque plusieurs propositions incidentes sont accumulées sur le même antécédent, et que toutes ou quelques-unes sont subdivisées par des virgules, il faut les séparer par le point-virgule.

Pourrait-on ne pas aimer cette politesse qui sait approuver sans fadeur, louer sans jalousie, railler sans aigreur; qui jette de l'agrément sur les choses les plus sérieuses, soit par le sel de l'ironie, soit par la finesse de l'expression;

qui passe légèrement du grave à l'enjoué, sait se faire entendre en se laissant deviner, montre de l'esprit sans en chercher, et donne à des sentiments vertueux le ton et les couleurs d'une joie douce.

(*Voyez page* 145. = Tel fut cet Empereur....)

N.º 9. -- Lorsque, de plusieurs propositions qui énoncent un sens total, quelqu'une se trouve divisée par la virgule, ces propositions doivent être séparées par le point-virgule.

> Vous n'avez pas chez vous ce brillant équipage,
> Cette foule de gens qui s'en vont chaque jour
> Saluer à longs flots le soleil de la cour;
> Mais la faveur du ciel vous donne en récompense
> Du repos, du loisir, de l'ombre et du silence,
> Un tranquille sommeil, d'innocents entretiens;
> Et jamais à la cour on ne trouve ces biens.

N.º 10. -- En général, dans toute énumération dont les principaux articles sont subdivisés, on doit distinguer les parties subalternes par la virgule, et les principaux articles par le point-virgule.

> Il veut, il ne veut pas; il accorde, il refuse;
> Il écoute la haine, il écoute l'amour;
> Il assure, il rétracte; il condamne, il excuse;
> Le même objet lui plaît et déplaît tour-à-tour.

La médisance est un orgueil secret qui nous découvre la paille dans l'œil de notre prochain . et nous cache la poutre qui est dans le nôtre; une envie basse qui, blessée des talents ou de la prospérité d'autrui, en fait le suiet de sa censure; une haine déguisée, qui répand sur ses paroles l'amertume cachée dans le cœur; une duplicité indigne, qui loue en face, et déchire en secret.......; ses louanges mêmes sont empoisonnées; ses applaudissements, malins; son silence (1), criminel; ses gestes, ses mouvements, ses regards, tout a son poison, et le répand à sa manière.

---

(1) La virgule, après *applaudissements* et *silence*, remplace le verbe *Être* sous-entendu.

DE L'USAGE DES DEUX-POINTS.

N.º 11. -- Dans les périodes où les incises exigent le point-virgule, les membres se distinguent par les deux-points.

> Mais si, d'un vol heureux s'élançant vers la gloire,
> Il (*l'Écrivain*) saisit dans ses mains le prix de la victoire;
> Si de la renommée il entend le clairon,
> Proclamer son triomphe et publier son nom;
> Dès-lors plus de repos :
> la triste jalousie
> Flétrira sur son front les lauriers du génie;
> Et l'assiégeant partout d'un ori persécuteur,
> Lui vendra ses succès au prix de son bonheur.

N.º 12. — En général, si les divisions subalternes des propositions liées pour former un sens total exigent le point-virgule, il faut les deux-points pour séparer ces propositions.

Dans les sujets qui appartiennent à la mémoire, l'écrivain expose, raconte; il faut que son style soit uni, facile, naturel et *rapide* : *dans* les sujets qui appartiennent à la raison, l'écrivain se propose d'instruire; il faut que son style soit grave, méthodique, précis, ferme, *énergique* : *dans* les sujets qui appartiennent au sentiment, l'écrivain veut toucher; il faut que son style soit doux, insinuant, vif, animé, *pathétique* : *dans* les sujets qui appartiennent à l'imagination, l'écrivain cherche à plaire; il faut que son style soit fin, gracieux, élégant, varié, riche, brillant, fleuri, nombreux, pittoresque.

N.º 13. — Toute proposition générale qui précède une énumération, ou qui exprime des maximes ou sentences, doit être séparée, par les deux-points, des propositions qui servent à *l'expliquer* ou à *l'étendre*.

> Il faut, autant qu'on peut, obliger tout le *monde* :
> *On* a souvent besoin d'un plus petit que soi.

La passion pour le bien caractérise les grandes *âmes* : *elle* les empêche de se livrer à la dissipation, elle leur rend l'oisiveté insupportable, elle les anime, elle les échauffe, elle les précipite vers tous les actes de courage qui peuvent être utiles à la société.

(Voyez page 186. Turenne meurt...

N.º 14. — On met les deux-points après toute proposition qui annonce ou précède une citation, un discours direct, soit de celui qui parle, soit d'un autre.

> Autrefois un Romain s'en vint, fort affligé,
> Raconter à CATON que, la nuit précédente,
> Son soulier des souris avait été rongé;
> Chose qui lui semblait tout-à-fait effrayante :
> « Mon ami, dit Caton, reprenez vos esprits;
> » Cet accident en soi n'a rien d'*épouvantable* :
> » *Mais* si votre soulier eût rongé les souris,
> » Ç'aurait été sans doute un prodige effroyable.

N.º 15. — LE POINT-SIMPLE se place à la fin de toute phrase qui forme un sens complet et indépendant de celle qui suit.

> Ami du bien, de l'ordre et dé l'humanité,
> Le véritable esprit marche avec la bonté.

Il serait inutile de rapporter d'autres exemples; vous ne pouvez rien lire sans en trouver.

DU POINT-INTERROGATIF.

N.º 16. — Le point-interrogatif se met à la fin de toute phrase qui énonce une interrogation directe.

> « *Que fais-tu dans ce bois, plaintive Tourterelle* ?
> La T. « Je gémis, j'ai perdu ma compagne fidelle.
> « *Ne crains-tu pas que l'oiseleur*
> « *Ne te fasse périr comme elle* ?
> La T. « Si ce n'est lui, ce sera ma douleur. »

On emploie ce point, lors même que la phrase interrogative fait partie du discours où elle se trouve.

En effet, s'ils sont injustes et ambitieux (*les voisins d'un roi juste*), que ne doivent-ils pas craindre de cette réputation universelle de probité, qui lui attire l'admiration de toute la terre, la confiance de ses alliés, l'amour de ses peuples, l'estime et l'affection de ses troupes?

Mais si l'interrogation n'est pas directe, on ne doit pas employer le point interrogatif.

Mentor *demanda* ensuite à Idoménée *quelle* était la conduite de Protésilas, dans ce changement des affaires.

N.° 17. — LE POINT-EXCLAMATIF se place à la fin de toute phrase, soit pleine, soit elliptique, qui exprime une affection vive, un sentiment profond de douleur, de joie, d'admiration, *etc.*

Est-ce toi, chère Elise? ô jour trois fois heureux ! Que béni soit le Ciel qui te rend à mes vœux !

N.° 18. — LES GUILLEMETS précèdent et terminent les citations.

(Voyez les Deux-Points).

Le même boulet de canon qui tua Turenne, emporta aussi le bras de M. de Saint-Hilaire, lieutenant-général de l'artillerie. Son fils accourut tout en pleurs : « *Ce n'est pas moi*, lui » dit Saint-Hilaire, c'est ce grand homme qu'il faut pleurer.»

N.° 19. — LA PARENTHÈSE renferme une note explicative dans le corps de la phrase, sans en interrompre le sens.

Que peuvent contre lui *(Dieu)* tous les rois de la terre?

N.° 20. — LE TRAIT-SUBLINEAIRE appelle l'attention du lecteur sur certains mots; dans les ouvrages imprimés, on change de caractères.

Si vous n'en croyez pas ma sincère amitié, croyez-en du moins votre délicatesse dans une affaire où non-seulement votre fortune, mais votre *honneur* est compromis.

N.° 21. — LES POINTS-SUSPENSIFS annoncent une réticence, une suspension causée par quelque passion violente. Ils indiquent que le sens de la phrase n'est pas complet, et qu'il y a quelque chose à suppléer. — On s'en sert et dans le genre sérieux et dans le genre plaisant.

Pour appaiser les Dieux, je priai... je promis...
Non, je ne promis rien... Dieux cruels ! j'en frémis...
(IDOMÉNÉE).

Après le malheur effroyable
Qui vient d'arriver à mes yeux,
J'avoûrai désormais, grands Dieux,
Qu'il n'est rien d'incroyable.
J'ai vu... sans mourir de douleur,
J'ai vu... siècles futurs, vous ne pourrez le croire!
Ah! j'en frémis encor de dépit et d'horreur!
J'ai vu... mon verre plein, et je n'ai pu le boire!

N.° 22.—LE TRAIT DE SÉPARATION marque dans le dialogue le changement d'interlocuteur, et dispense de ces formules traînantes, *dit-il, répondit-il*, etc.

Chemin faisant, il vit le cou du chien pelé:
« Qu'est cela, lui dit-il?—Rien.—Quoi! rien!—Peu de chose.—
» Mais encor? — Le collier dont je suis attaché,
» De ce que vous voyez est peut-être la cause. »

L'alinéa sert à distinguer les objets ou matières qui composent le discours; par exemple, dans un raisonnement, les diverses preuves ou considérations; dans une lettre, dans un mémoire, les différentes affaires dont on parle.

L'alinéa s'appelle ainsi, parce qu'en passant d'une matière à une autre, on abandonne une ligne commencée, et l'on reprend à la ligne suivante, qu'on fait rentrer un peu en dedans.—Vous en voyez des exemples à toutes les pages.

APPLICATION DES SIGNES DE LA PONCTUATION.

(Les chiffres indiquent le numéro des règles).

En effet [6] , [19] (lettres de M.me de Sévigné [19]) dès qu'elle parut : « [14] ah [18] ! [17] Mademoiselle [6] , comment se porte mon frère [16] ? [19] » Sa pensée n'osa aller plus [15] loin. [19] « Madame [6] , il se porte bien de sa blessure. [15] » [19] = [22] =

25

Et mon fils ? » On ne lui répondit rien. « Ah ! mon fils ! mon cher enfant ! répondez-moi , est-il mort sur-le-champ ? n'a-t-il pas eu un seul moment ? ah ! mon Dieu ! quel sacrifice ! »

On pourrait sans doute multiplier les règles de la Ponctuation ; voilà au moins les principales. Elles ne suffisent pas pour déterminer toutes les occasions où l'on doit employer tel signe ; mais, lorsque vous en aurez bien compris le sens et la raison, votre intelligence et le goût vous guideront dans les cas particuliers.

Appliquons cès règles sur un morceau tiré du *poëme de la Sphère*. Les mots qui doivent être suivis d'un signe quelconque de ponctuation , seront en caractères italiques.

MATIÈRE A PONCTUER.

Que je plains ces mortels qu'un destin rigoureux
A privés pour toujours de la clarté des *cieux*
Qui sans cesse plongés dans une nuit *profonde*
Ne peuvent contempler les merveilles du *monde*
. . . .
Quand l'astre *au front d'argent* s'élevant dans les *cieux*
Promène au haut des airs son char *silencieux*
Ils ne comparent point les images touchantes
De ces jours sans nuage et de ces nults *brillantes*
Le beau temps en fuyant nous promet son *retour*
Quand de sombres vapeurs nous dérobent le *jour*
Que des vents déchaînés l'effroyable *murmure*
Obscurcissant les *airs* attriste la *nature*
Que le pesant *hiver* hérissé de *frimats*
Vient d'un pénible deuil affliger nos *climats*
Des jours purs et sereins l'espérance prochaine
Déjà brille à nos *yeux* adoucit notre *peine*
Mais ils n'ont pas l'espoir de cet heureux *retour*
Un jour n'est pas pour eux plus beau qu'un autre *jour*

Analyse Logique par la Ponctuation.

Cieux	;	Deux incidentes tombent sur *mortels*, toutes deux déterminatives ; la première ne peut donc être séparée de son antécédent. N.º 6.
		La seconde contenant des parties subalternes distinguées par la virgule, doit être séparée de la première incidente par un signe de ponctuation d'un degré plus fort, c'est-à-dire, par le point-virgule. N.º 8.
Qui	,	Le complément qui suit n'a pas avec son antécédent une liaison nécessaire, puisqu'on peut le retrancher sans altérer le sens principal ; il est *explicatif*. N.º 6.
Profonde	,	Dans le corps de la proposition, le complément explicatif doit être inséré entre deux virgules. N.º 6.
Monde	!	Il nous manque bien des signes pour ponctuer l'expression des sentiments de l'âme. Ici, le point-exclamatif termine une phrase qui exprime un profond sentiment de pitié ; mais souvent aussi ce même signe est destiné à peindre l'étonnement, l'admiration, le mépris, l'indignation, l'horreur, le désespoir, *etc.* N.º 17.
. . . .	. . . .	La ligne ponctuée indique qu'on a omis quelques phrases ; et que dans l'ouvrage d'où ce morceau est tiré, les vers qui suivent cette ligne, ne viennent pas immédiatement après ceux qui la précèdent.
Au front d'argent	,	Ce complément a une union intime avec son antécédent *l'astre*, dont il restreint la signification ; il ne peut donc en être séparé : mais il doit être terminé par une virgule, parce que le complément qui suit est *explicatif*. N.º 6.
Cieux	,	Fin du complément explicatif. N.º 6.
Silencieux	;	Là se termine le premier membre de la période. Subdivisé par des virgules, il doit être séparé du deuxième membre par le point-virgule. N.º 7.
Brillantes	.	La période qui précède ce point, présente un sens complet et indépendant de ce qui suit, ou du moins elle n'a de liaison avec la suite que par la convenance de la matière,

et par l'analogie générale des pensées dirigées vers un même objet, *le malheur des aveugles.*

Retour	:	Proposition détachée qui montre, sous un aspect général, l'objet dont le détail est exprimé par les propositions suivantes. N.° 13.
Jour	;	Fin du premier membre.
		Les parties subalternes des membres exigeant la virgule, il faut, pour la gradation proportionnelle du sens, séparer les membres eux-mêmes par le point-virgule. N.° 7.
		En effet, les parties subalternes ont avec les membres dans lesquels elles se trouvent comprises, une affinité qui est plus intime que celle des membres entre eux ; elles doivent en conséquence être moins désunies, et réclamer le signe qui marque la plus petite de toutes les séparations, tandis que les membres exigent une ponctuation plus forte.
Murmure	,	Le complément suivant est explicatif. N.° 6.
Airs	,	Le complément est terminé. N.° 6.
Nature	;	Fin du deuxième membre. N.° 7.
,hérissé de frimats	,	Complément explicatif entre deux virgules. N.° 6,
Climats	;	Fin du troisième membre. N.° 7.
Yeux	,	Cette proposition principale renferme deux attributs qui, comme parties similaires, doivent être séparées l'une de l'autre. N.° 1.
Peine	:	Ici, on remarque une liaison de sens qui unit les propositions précédentes à celles qui suivent. Elles sont toutes relatives à une même fin, à un même point capital ; toutes ensemble elles énoncent une comparaison entre les clairvoyants et les aveugles : il me semble donc qu'il convient de les rapprocher, en ne les distinguant pas par la plus forte des ponctuations ; et que les deux-points seraient bien placés entre les deux membres comparatifs. N.° 12.
Retour	!	Réflexion touchante, qu'on ne peut prononcer avec le ton calme de la narration ordinaire. Il paraît indispensable de terminer ce vers par le seul signe qui annonce les mouvements de l'âme. N.° 17.
Jour	.	Le sens est complet et fini. N.° 15.

TABLE
DES MATIÈRES.

PREMIÈRE PARTIE.

SECONDE PARTIE. *(Supplément à la première.)*

DE LA SYNTAXE.

(199)

TROISIÈME PARTIE.

DE LA PROPOSITION.

DES COMPLÉMENTS.

DE LA CLARTÉ.

FIN.

www.ingramcontent.com/pod-product-compliance
Ingram Content Group UK Ltd.
Pitfield, Milton Keynes, MK11 3LW, UK
UKHW021925070726
13614UKWH00001B/257